五音八卦拳之三十六路八卦拳

汪东明 马炬森 王萍 编著

中国书籍出版社
China Book Press

图书在版编目（CIP）数据

五音八卦拳之三十六路八卦拳 / 汪东明，马炬森，王萍编著 . -- 北京：中国书籍出版社，2021.6
ISBN 978-7-5068-8528-7

Ⅰ. ①五… Ⅱ. ①汪… ②马… ③王… Ⅲ. ①八卦掌－基本知识 Ⅳ. ① G852.16

中国版本图书馆 CIP 数据核字（2021）第 125166 号

五音八卦拳之三十六路八卦拳

汪东明　马炬森　王　萍　编著

丛书策划	谭　鹏　武　斌
责任编辑	成晓春
责任印制	孙马飞　马　芝
封面设计	马静静
出版发行	中国书籍出版社
地　　址	北京市丰台区三路居路 97 号（邮编：100073）
电　　话	（010）52257143（总编室）　（010）52257140（发行部）
电子邮箱	eo@chinabp.com.cn
经　　销	全国新华书店
印　　厂	三河市德贤弘印务有限公司
开　　本	710 毫米 ×1000 毫米　1/16
字　　数	275 千字
印　　张	15.5
版　　次	2022 年 1 月第 1 版
印　　次	2022 年 1 月第 1 次印刷
书　　号	ISBN 978-7-5068-8528-7
定　　价	72.00 元

版权所有　翻印必究

阜阳武术文化编辑委员会

主　编：
　　汪东明　马炬森　王　萍
顾　问：
　　许士毫　李婷婷(女)　王海见　张道华
　　方文武　刘华正　徐付忠　任　强
　　任远发　周国忠　毕艳起　戎者成
　　曹华敬　刘　涛　刘　青　胡　平
编　委：
　　李　雷　赵德峰　李传彬　王志豪
　　王祥伦　刘　勇　朱　静　杜　平
　　徐远方　吕志安　马宗鼎　方现林
　　武东明　徐海林　王金锋　王幸福
　　高春生

作者介绍

汪东明,男,汉族,1976年12月出生,安徽桐城人,阜阳师范大学体育学院教师副教授、硕士生导师,安徽省哲学社会科学规划项目评审专家,阜阳师范大学安徽武术文化研究中心研究员,高校双师双能型教师、阜阳市老年学研究会常任理事,主要的研究方向是体育保健、传统体育文化的传承与保护。

马炬森，1955年5月出生，安徽省阜南县方集镇人，现任安徽省阜阳市传统武术协会副会长、安徽省阜南县"五音八卦拳"研究会党支部书记、会长，安徽省第五批省级非遗（五音八卦拳）代表性传承人。

他出生于武术世家，自幼酷爱武术，6岁随大爷马汉青为师习练五音八卦拳。因天生聪明，又能刻苦训练，严格要求自己，所以武术功底扎实，竞技水平过硬。1983年、1985年分别获得阜阳市武术比赛第一名；2015年5月在阜阳市民间传统武术比赛夺得金奖；2015年8月，受邀参加甘肃天水第六界华夏武状元国际争霸赛摘下两金一银；2016年参加阜阳市传统武术比赛获得第一名；2017年冬季在阜阳市全市武术大奖赛中荣获一等奖。

王萍，阜阳师范大学副教授、硕士研究生导师，苏州大学中国史方向博士研究生，国家职业指导师、职业生涯规划师、高校双师双能型教师，研究旨趣为农民工群体与社会文化变迁、新媒体与文化传播等。

近五年来主持、参与完成省部级以上课题十二项，公开发表论文 20 余篇，学术兼职为苏州大学红十字运动研究中心研究员、安徽省社会学研究会理事、安徽省家庭教育研究会研究员、阜阳市委宣传部人文社科研究专家库成员、阜阳市历史文化研究会理事、阜阳市老年学会常务理事。

封面人物简介

方端臣(1894—1959),外号方老端,人称"江淮大侠",安徽省阜南县方集镇人,自幼习武,1902年师从罗宾甫(咸丰皇帝的大内侍卫,五音八卦拳创始人罗体贤之子),勤学五音八卦拳,十年后习得其全部功法。

出师后,他持之以恒,不断提高自己的攻防技术,练出了一身的硬功夫,侠肝义胆,济世为怀。民国十三年(1924)七月十四日,方端臣在上海外滩小校场擂台击毙英角力王子哈利,名声鹊噪,大长国人士气。抗战时期,方端臣成为东北军武术教官,担任中校副团长职务,凭着一腔爱国抗日的热情沙场杀敌,建功立业。抗战胜利后,因拒绝内战,选择回家以采药种地为生。方端臣为人刚正谦和,惜贫扶弱,忠义可嘉,堪为后世楷模。

传承人简介

第四代传人

马汉青(1899—1979),方集镇人,八岁练武,师从方端臣(五音八卦拳第三代传承人),经过废寝忘食的苦练,终有所成。

1937年,东北骑兵军整编为骑兵第2军,何柱国任军长,晋北抗战的何柱国骑兵第二军南下路过安徽阜阳六十里铺。当时,方端臣的武术功力和轶事在江淮大地已经流传开来,人称"江淮大侠"。何军长经人介绍了解到方端臣事迹,将其纳入麾下,担任东北军武术教官,后来在战火的洗礼中逐渐晋升为副团长领导职务。在那个兵荒马乱的年代,方端臣冲到了战争的第一线,马汉青为解师父后顾之忧,留在后方照顾方、马两家,同时,继续发扬五音八卦拳,传承武术文化。

第四代传人

马宗鼎,方集镇人,出生于1939年,十岁学习五音八卦拳,师从方端臣(五音八卦拳第三代传承人)。

第四代传人

方现林,方集镇人,出生于1951年,小时跟着方端臣习武,长大后和大师兄马汉青经常一起切磋武艺。

第五代传人

马炬森,方集镇韩湾人,中共党员,生于1955年,五岁习武学艺,师从马汉青(五音八卦拳第四代传承人),安徽省阜南县"五音八卦拳"研究会发起人。先后担任安徽省阜阳市传统武术协会副会长,安徽省阜南县"五音八卦拳"研究会党支部书记、会长。

第五代传人

　　许士豪,公桥乡人,生于 1947 年,九岁习武,师从马汉青(五音八卦拳第四代传承人),学习五音八卦拳十五年。

第六代传人

　　王金锋,段郚乡太和人,中共党员,生于 1971 年,自幼拜师习武,师从马炬森,学习五音八卦拳八年。

第六代传人

马培彪,方集镇韩湾人,中共党员,生于1979年,七岁跟随父亲马炬森习武,学五音八卦拳至今。主要事迹如下：
1994年至1995年阜阳武术比赛第一名；
2015年甘肃天水第六届华夏武状元国际争霸赛一等奖；
2015年在2015"和泰杯"阜阳民间武术交流会一等奖；
2016年阜阳市青少年武术套路锦标赛一等奖；
2017年阜阳市"天筑杯"武术(套路、散打)锦标赛荣获金奖；
2018年"天筑集团杯"阜阳市传统武术比赛第一名。

第六代传人

韩超,方集镇韩湾人,生于1977年,十岁习武,师从马炬森,习武至今。主要事迹如下：
2015年甘肃天水第六届华夏武状元国际争霸赛一等奖；
2015年"和泰杯"阜阳民间武术交流会二等奖；
2016年阜阳市青少年武术套路锦标赛第一名；
2017年阜阳市"天筑杯"武术(套路、散打)锦标赛第一名；
2018年"天筑集团杯"阜阳市传统武术比赛第一名。

第六代传人

王幸福,阜阳人,40岁,自幼喜爱运动,后跟随马炬森练习五音八卦拳。

第六代传人

马仝,方集镇北街村人,生于 1978 年 8 月 21 日,自幼拜师于马炬森门下,勤学五音八卦拳。

第六代传人

马炜,方集镇街上人,生于 1979 年 1 月 28 日,中共党员,十岁开始学习五音八卦拳,师从马炬森。

第六代传人

王鹏,方集镇人,生于 1977 年,七岁开始习练五音八卦拳,师从马炬森。

第六代传人

王井刚,方集镇马圩人,生于1974年,十三岁开始拜师学艺,师从马炬森。

第六代传人

任锋涛,河南淮滨人,生于1989年,师从马炬森学习五音八卦拳。主要事迹如下:

2014年第14届山东泰山国际武术功夫争霸赛获得第一名;

2015年阜阳民间武术交流会名水名拳展演获得金奖;

2015年甘肃天水第六届华夏武状元国际争霸赛获得一金一银一铜;

2017年阜阳市"天筑杯"武术(套路、散打)锦标赛获得二等奖;

2018年"天筑集团杯"阜阳市传统武术比赛获得第二名。

第七代传人

马鑫(字金祥),方集镇韩湾人,生于2005年,自幼跟随父亲马培彪(五音八卦拳第六代传承人)习武。主要事迹如下:

2015年甘肃天水第六届华夏武状元国际争霸赛获得银奖;

2016年阜阳市青少年武术套路锦标赛一等奖;

2017年阜阳市"天筑杯"武术(套路、散打)锦标赛二等奖;

2018年"天筑集团杯"阜阳市传统武术比赛三等奖。

获奖证书

省级非物质文化遗产

五音八卦筝

安徽省人民政府命名
安徽省文化厅颁发
2014年5月

阜阳民间武术交流会

获奖证书

姓名：马鼎焱

项目：五音八卦拳

成绩：一等奖

2015年8月14日

2015百草山矿业绿地房产义通公文杯
中国天水伏羲武术跆拳道大奖赛
第六届华夏武状元国际争霸赛

荣誉证书
CERTIFICATE OF HONOR

马鼎焱同志：

在二〇一五年五音八卦拳第六届华夏武状元国际功夫争霸赛获得第一名金奖特发此证以资鼓励。

甘肃·天水
2015.8.13-16
www.21wushu.com

阜阳民间武术交流会
获奖证书

姓名： 任峰涛
项目： 阜阳武术名家名拳展演
成绩： 金奖

2016年1月11日

第14届山东梁山国际武术功夫争霸赛
竞赛证书
Competition Certificate

姓名 Name： 任峰涛
项目 Project： 武术器械
名次 Rank： 第二名
时间 Time： 2014年10月23-26日
山东·梁山 Liangshan, Shandong

体育竞赛
获奖证书

竞赛名称： "天筑杯"2017阜阳市武术（套路、散打）锦标赛
项　　目： 男子D组 五音八卦掌
运动员姓名： 马培彪
名次与成绩： 第一名
时间地点： 二〇一七年五月 阜阳市体育中心

阜阳市文广新局(体育局) 阜阳市武术协会

荣誉证书

马炬森 同志：

在 2017 年冬季阜阳市全市武术讲演大赛中，五音八卦拳被评为第一名。

特发此证，以资鼓励。

阜阳市武协
二〇一七年十二月二十六日

五音八卦拳器械套路

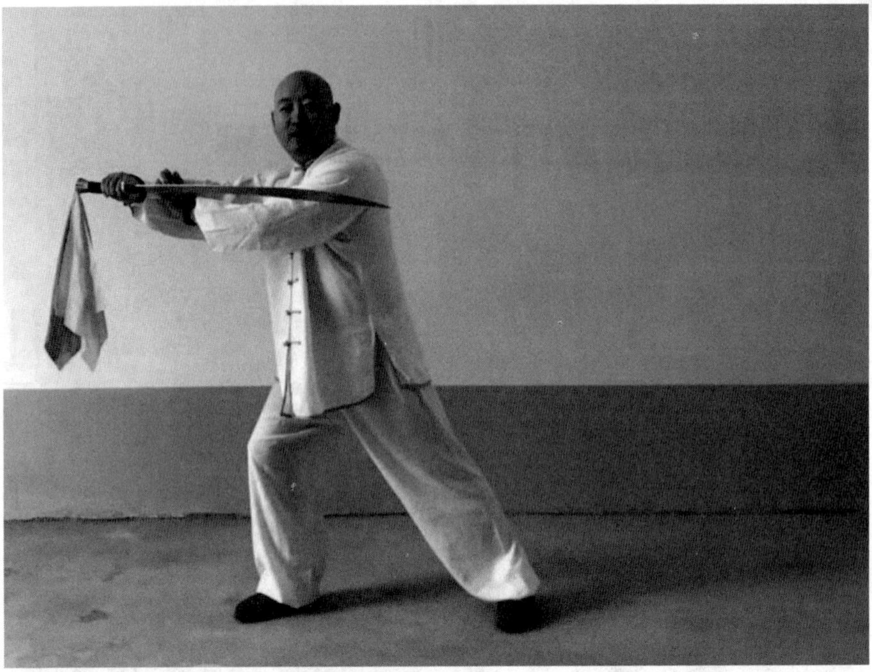

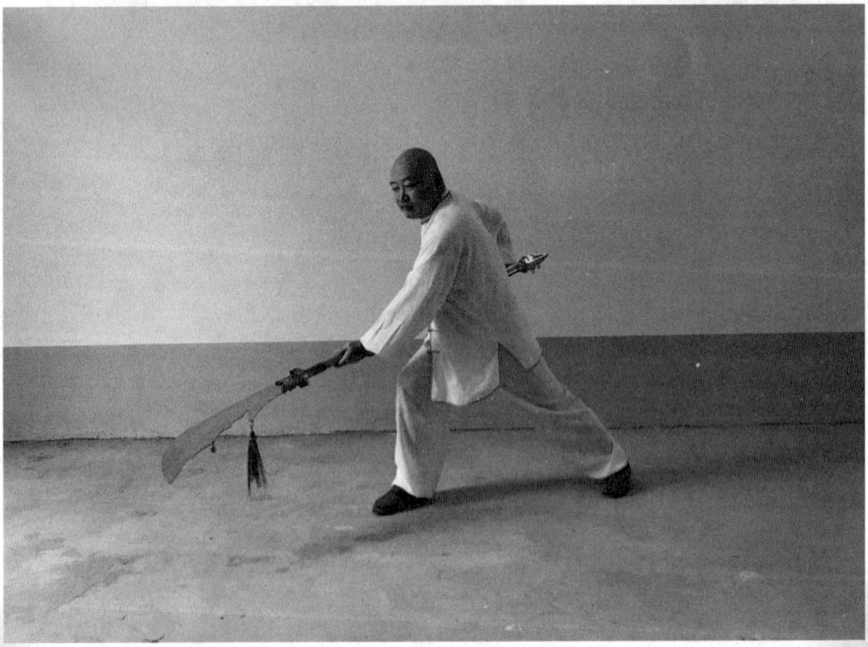

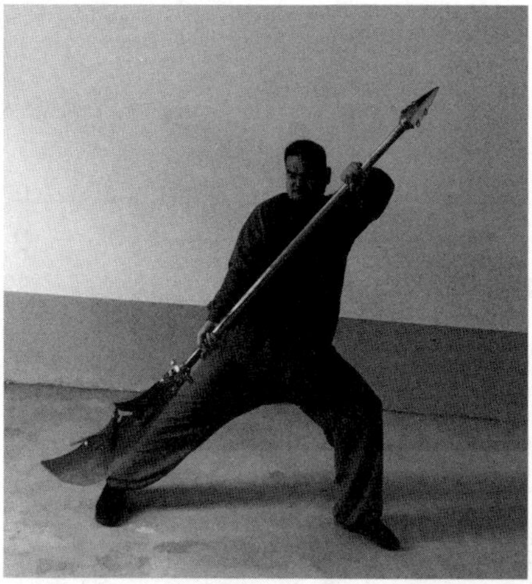
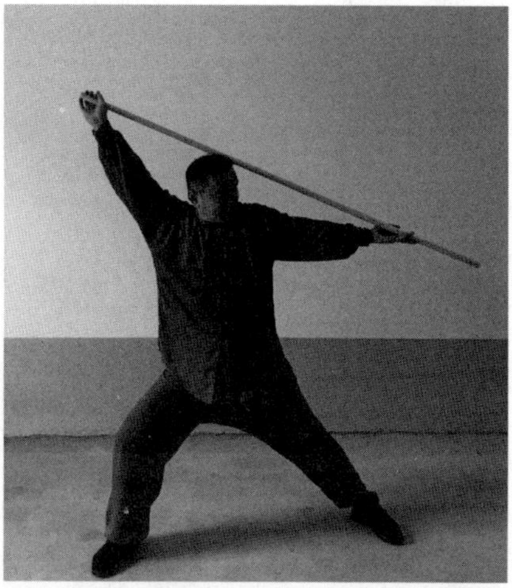
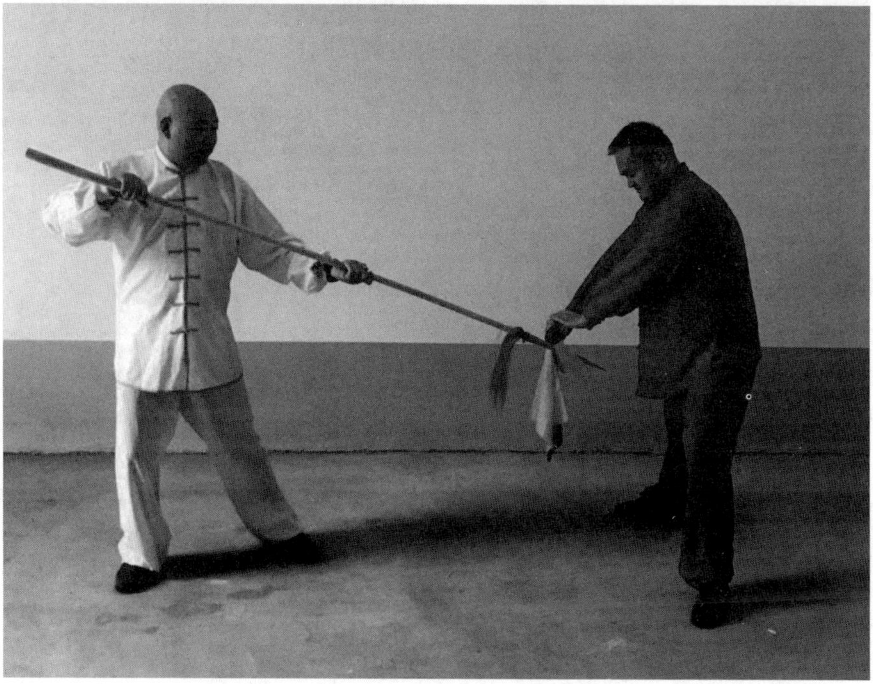

目 录

第一章　五音八卦拳的渊源 …………………………………………… 1

第二章　五音八卦拳拳法拳理 ………………………………………… 4

第三章　三十六路八卦拳动作图解 …………………………………… 9

　　第一节　第一路 ……………………………………………………… 9
　　第二节　第二路 ……………………………………………………… 20
　　第三节　第三路 ……………………………………………………… 25
　　第四节　第四路 ……………………………………………………… 30
　　第五节　第五路 ……………………………………………………… 36
　　第六节　第六路 ……………………………………………………… 43
　　第七节　第七路 ……………………………………………………… 48
　　第八节　第八路 ……………………………………………………… 53
　　第九节　第九路 ……………………………………………………… 62
　　第十节　第十路 ……………………………………………………… 66
　　第十一节　第十一路 ………………………………………………… 72
　　第十二节　第十二路 ………………………………………………… 75
　　第十三节　第十三路 ………………………………………………… 80
　　第十四节　第十四路 ………………………………………………… 84
　　第十五节　第十五路 ………………………………………………… 88
　　第十六节　第十六路 ………………………………………………… 94
　　第十七节　第十七路 ………………………………………………… 103
　　第十八节　第十八路 ………………………………………………… 110
　　第十九节　第十九路 ………………………………………………… 116
　　第二十节　第二十路 ………………………………………………… 121
　　第二十一节　第二十一路 …………………………………………… 128
　　第二十二节　第二十二路 …………………………………………… 134
　　第二十三节　第二十三路 …………………………………………… 141

第二十四节	第二十四路…………………………………	149
第二十五节	第二十五路…………………………………	153
第二十六节	第二十六路…………………………………	158
第二十七节	第二十七路…………………………………	163
第二十八节	第二十八路…………………………………	167
第二十九节	第二十九路…………………………………	174
第三十节	第三十路………………………………………	180
第三十一节	第三十一路…………………………………	186
第三十二节	第三十二路…………………………………	191
第三十三节	第三十三路…………………………………	196
第三十四节	第三十四路…………………………………	202
第三十五节	第三十五路…………………………………	208
第三十六节	第三十六路…………………………………	214

第一章　五音八卦拳的渊源

自1990年国际武术联合会宣布成立到1991年10月在北京举行第1届世界武术锦标赛,再到2004年10月在郑州举行首届世界传统武术节,我们可以清楚地感受到,中国传统武术文化正逐渐走向世界,并被世界广大人民所接受。目前,我国已经形成了一些带有地方特色的地域武术文化。

关于阜阳传统武术的起源,据刘昌茂《安徽省阜阳地区体育志》载:阜阳武术运动大约发祥于新石器时期,形成于农耕时代,到商代已经达到较高的水平。距今已有5000年以上的历史,唐长安二年(702年),武则天兴武举制,对阜阳地区民间练武活动有很大的促进,推动了武庠(即古时选举武状元制度)的设立。到明清后,皖北尚武风习全面形成。20世纪30年代,阜阳当时较有名气的习武之人有程子立、刘大庆、赵锡铭、王道德、张百勤和李德江等人。据安徽体育史料记载:颍上县于1936年成立国术馆并为地方和军队培养了大批的武术人才。安徽体育文史中记载:民国时期河南省著名的回民武术家马忠歧来到阜阳传授查拳,所教高徒有口孜集刘子建,东关刘大庆,蚌埠清真寺阿訇洪保民,亳州的李恩波等。阜阳四乡习武之风也是甚为浓厚,最有代表性的人物当属阜南县方集东围村人方端臣,他自幼学拳,专习"阴八卦"排打功,练就了一身钢筋铁骨之体。五音八卦拳,是由民国初期阜南县方集东围孜村方瑞臣传袭下来的,后在安徽西北部的阜南、阜阳、临泉等地传播。安徽省武术文化研究中心刘勇教授多次到阜南方集,与方端臣的后代、传人座谈,观其练功,并亲自学习感受。五音八卦拳于2014年分别被阜南县、阜阳市、安徽省列为县、市和省三级非物质文化遗产项目。阜南县的马炬森为此拳术省级第五代传承人。

"五音八卦拳"起源于伏羲八卦拳(创始人刘怀,字道元,号南木老人,生于清乾隆年间)。伏羲八卦拳第一代传人罗体贤,深得伏羲八卦拳精髓,出师后走遍名山大川,以武会友,拜访武当、少林、峨眉等各大门派,博采众长,吸取精华,以《易经》为根基,以阴阳五行学说为理论,经过长期的思考和体悟，创立了一门功理、功法独特、特色鲜明的武术门派——五音八卦拳。五音八卦拳注重内外兼修，具有独特的内功修法和科学严谨的外练功法，经过长期的演变和发展，逐渐形成了一套系统完整、实用的武学体系。五音八卦拳根据《易经》之理，步走五行，脚踏八卦，身合阴阳，导引内气，外练筋骨，功法独特，拳路简洁，实为中华武术宝库中的一块瑰宝。

清末民初，阜南方集出了一位名震中外的江淮大侠——方端臣，江湖人称"方老端"。1894年，方端臣生于安徽省阜南县方集古镇。1902年，师从咸丰皇帝的大内侍卫"五音八卦拳"创始人罗体贤之子罗宾甫，此间苦学五音八卦拳，十年后学成全部功法、拳法。1913年春，通过师父和二师祖马登云引荐再拜河南省汤阴县岳飞20世玄孙岳廿嗣为师，用四年的时间学成了"三击掌"功法。1917年又从师母万小芳处学习轻功。由于他天资聪颖、勤学苦练，又善于汲取各家之长，内外功法兼修，终于成就了一身神功绝技。

此后，方端臣将五音八卦拳在阜南方集地区传播开来培养了马汉青、马宗鼎等一批五音八卦拳武术名家。通过一代代五音八卦拳传承人的不断努力，五音八卦拳在安徽阜南地区发扬光大，成为一种具有鲜明地域特色的珍贵拳种。

作为一种中华民族传统武术，五音八卦拳的传承师表如下：

第一章 五音八卦拳的渊源

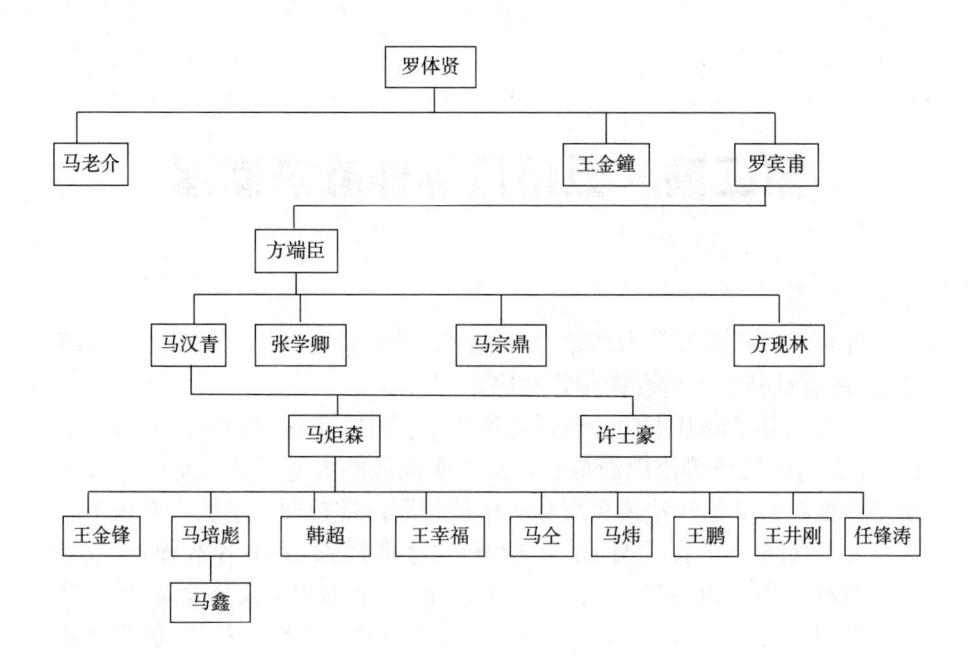

```
                            罗体贤
                              │
        ┌─────────────────────┼─────────────────────┐
      马老介                 王金钟               罗宾甫
                              │
                            方端臣
                              │
        ┌──────────┬──────────┴──────────┬──────────┐
      马汉青      张学卿              马宗鼎        方现林
                              │
                    ┌─────────┴─────────┐
                  马炬森              许士豪
                    │
  ┌────────┬───────┬────────┬────────┬────────┬────────┬────────┬────────┐
王金锋  马培彪   韩超   王幸福    马仝    马炜    王鹏   王井刚  任锋涛
          │
        马鑫
```

第二章 五音八卦拳拳法拳理

五音八卦拳既有拳术套路、器械套路、单练套路、对练套路,也有内练功法,还有独特的五音套捶排打功法。

五音八卦拳的基本功法包括各种步法、拳法、脚法、桩功等,同时有推砖、练金钢铁板桥等用以锻炼和增加腰腹四肢的力量等其他辅助练习功法。五音八卦拳的功法体系可分为拳械和套捶排打两个系统。拳械主要有:三十六路八卦拳、左木劲、灵功拳、六十四慢劲功、五音八卦掌、散手破、围身破、小九功转字联、无影剑、九步十三枪(刀棍)、关公大刀、单刀破枪,等等;套捶排打分为以下三种:一是老劲捶;二是五音捶,包括执音捶、奇音捶、窝音捶、少音捶、怪音捶;三是靠八方。

一、慢劲功

要学练五音八卦拳就必须先学慢劲功(也叫六十四真功)。慢劲功是硬气功的一种,是五音八卦拳独有的基本功法。练习慢劲功是为练排打筑基,不练慢劲功,就不能学习排打,故有"无功不靠排"之说。慢劲功首先体现在"劲和功"上。学练排打,没有功力就无法抗击捶打,而无劲就难以发力击倒对方。慢劲功的功夫原理,即以意念领气引导动作,以力作超速度动作使肌肉做持续地骤然短促性发力,并带有突发性的肌肉收缩,以达到内练气、外练力的一种训练方法。慢劲功练功时要从"意念集中、气力合一,沉于丹田,发于全身"为首。慢劲功口诀:"整身仰面两膀停,二目睁睁两盏灯,一身之法归心去,前后左右循法行。八卦拳有十八音,坐并折腰共功均,上动下不动,传来称英雄,下动上不动,英雄迷不通。上下不动中间动,大约神仙难解明。"练习慢劲功时,自始至终全身肌肉都在紧张中,不能有半点懈怠放松之意,还要做突然的稍有持续的静力性发力的用劲功动作,以突出"动击,几功随"的发力特点。慢劲功还要突出其另一个特点即"慢",练习时默谱走动作,其势稳重,速度慢于太极拳,

第二章　五音八卦拳拳法拳理

按照功法的要求把全套动作练完需要 50 分钟左右。

二、三十六路八卦拳

三十六路八卦拳的母拳是八卦拳,共有三十六个单趟,每趟动作多少不等,少则十几个,多则几十个。各趟动作难度技法各不相同,本着自简到繁,层层深入的原则,难度逐步加大。每趟单练都可以,独立成段。动作朴实,明快有力,没有花架子,招式连环,快打猛攻,拳法密集,步法稳健,走位灵活,招式灵活多变,拳法刁钻,腿法独特。活步练拳,场地可大可小,小则拳打卧牛之地,大则要三丈翻腾。根据八卦原理,整个拳路讲究"脚踏四方、拳打八面"。

三、套捶排打

套捶排打是"五音八卦拳"有别于其他拳种的特殊的排打功法训练,是"五音八卦拳"的主要内容。其他拳种为了增强抗打击能力,一般通过自我或借助别人别物,用沙袋、竹把子或棍棒等,按照由轻到重的渐进原则敲打身体,来锻炼抗打击能力,而"五音八卦拳"的排打,则有专门的套路和严格的规范程序。两人对练,拳肉相见,排打时两人由对面站立开始,每一捶的打法和所击打的部位都不相同,千变万化,攻防不一。若把每种捶法分解开来,又可分为四种手法,三种劲法。一套捶排打要求"法循自然,鼻如抽丝;四趾紧扣,意领百汇;劲起内出,力起涌泉;混元一体,气沉丹田"。击打者,口中念谱出招进势,运用纯正气法,贯气入手,拳重千斤。承打者,调息运气,消格承架,挺身接手。排捶从形式上又分为三种:一是定位排打,双方互打不消不架;二是步行排打,打消承架相互结合;三是靠八方。

(一)定位排打老劲捶

此为套捶排打的第一个套路,也是练习套捶排打的基础功法,老劲捶共计有八十捶。练习老劲捶的主要目的是锻炼胸部承受抗击打能力。排捶时,两人对面站立,相距一臂左右,以便以捶发力击打对方为度。两脚左右分开,约与肩同宽。拳背于身后,排捶前两人静心调息,气贯全身,意守丹田。而后念谱出拳,拳随谱发。捶谱,即出拳手法和要击打部位的变称。对方一听捶谱,即知用何姿势,运气何部位,做好承打的准备,承接打击。双方一替一捶按谱逐位,各击80捶。击打时,根据双方功力大小和深浅,按习练程度,由轻到重,逐步加力,经过一段时间练习之后,待能熟练地掌握老劲捶的技法和具备一定功力后,即可转换为活步排打。练习活步排打,一是可以增加打击力量,二是为了学习步行排打做准备。

(二)步行排打五音捶

五音捶,即肢音捶、奇音捶、窝音捶、少音捶、怪音捶五种套捶的合称,是五音八卦拳的核心。五音捶,每个音捶数不等。肢音96捶,奇音32捶,窝音40捶,少音40捶,怪音64捶,共计272捶。每一音捶独立成套,捶法逐音不同。五音捶排打时有异于老劲捶,它以行步为主,可防可架可反攻。排打方式主要有拳排打、小臂靠、掌击、脚踢、脚蹬等技法。其击打的主要部位是两胸、心窝、腹部和两肋。五音捶每招每式,包括上步退步、转身换式、封架换式、拳法劲力等均是按照八卦的原理,辩证地确定阴阳虚实、起落进退。五音捶攻守结合,攻封妙打,技法特点突出,身法步法表现尤为显著。

(三)靠八方

靠八方也叫八方靠位,是五音八卦拳区别于其他拳种排打功法又一鲜明的特点。所谓八方,即八卦图的八个方位。初练时,可在地面上画一个八角形,分别代表八卦的乾、坤、震、垠、离、坎、兑、巽八个方位。练习时两个人对面站立,一方念谱踏位进招,另一方应招接式,不同的捶套最初练习时一般采取的进攻招法和应招方式相同,待具有一定的基础之后,进攻招法和应招承打方式可随机应变、随机而发,立招承打既可以身、手硬接硬化,也可顺势破招反打。在八个方位上走一圈,正好打八捶,所以也称为靠八方。

开始八方排打的第一项是老劲捶。在靠八方时,它与老劲捶对排时的要求相同,最初以身体硬接承打,不化招还拳。因为排打捶主要是锻炼排打硬功,而不是假设的攻防练习,故要求多以身体硬接承打为主。老劲捶靠八方共分为三个阶段:第一个阶段是硬接,即一方捶击,另一方则挺身运气,以身承打;第二个阶段是化招,即一方击捶时,另一方用招式将其化解;第三阶段是接化,即对方攻捶到,另一方随拳势任意选择,见势化招即可。如:拳谱云,"诀音破以中拳捶",意思是你以中拳捶去打,则用诀音手破之,同时上步捶打,接捶一方,不管是用什么招式,应捶后要立即就势移位,交换身形。五音捶靠八方,形式同老劲捶排打,但不拘于老

第二章 五音八卦拳拳法拳理

劲捶只承打不还手之要求。五音捶靠八方主要练接招化招、排打和身法。练到炉火纯青后则身法、步法、手法、腿法机动灵活,变化无穷。

四、五音八卦拳手型

五音八卦拳的手型有别于其他拳种,全门系中没有钩手动作。其掌呈瓦垄型,拳的握法要求与其他拳种一样,不过更要求拳面平整,以利击打。拳的抱式和拳法名称却别具一格。其抱拳式为"藏于身后,发于腰肋"。其拳法为"抱无极,出两仪,走混元,落太极"。无极手就是拳心向上,即仰拳;两仪手就是拳心向里,即立拳;混元手就是拳背向上,即俯拳;太极手就是拳背向左,拳心朝外,即拧拳。

五、五音八卦拳步法

五音八卦拳中有很多步法,其中虚行步、小擒步,是"五音八卦拳"区别于其他拳的独有的步法。其中虚行步要求:其姿势为两脚前后分开,稍宽于肩,两只脚掌全掌着地,两腿稍屈,其式较半马步稍高。这种姿势便于身体的前后左右随时移动。不伏不仰,易攻易守,动作灵活,更加适应于实战的需要。小擒步的特点是:两脚前后分开,脚尖均向,两膝弯曲站立后跟离地的一种姿势。其姿势近似弓步,由于后边脚屈膝便于身体的前进与后退。

六、五音八卦拳发力和劲法

五音八卦拳的发力和劲法有三种,即硬劲、灵劲、二还劲。功法中认为硬劲是人体固有的一种力,稍练即成,是第一劲法;灵劲是经过长期的功法学习后获得的一种劲法,其势发时如同"冷水浇头,灸火入怀",有"灵动大似千斤力"之说;二还劲是五音八卦拳中劲法的最高阶段,其势如同大浪击岸,一劲刚到一劲又及,其劲"触之皮表,伤其内里"。

五音八卦拳内容浩瀚丰富,捶法之丰富,风格之独特,无疑是珍藏于民间的一块璞玉。

附一：五音八卦拳打法歌诀

歌诀一：伸出急如箭,出掌似如风。扭身忙然进,上胯最为先。胯最为明,调胯最为灵。战战最高,算算称豪。丝丝发根深,顶天立地定乾坤。用若如神,护体防身。前迎后呼,抬手精神。伸手拔虎尾,抬手赶飞龙。肩爽如倒碓,磅胯似龙行。拧身忙然进,上胯定内功。分发如闪电,合手方定成。左进蛟龙缠柱,右进凤凰折身,前进仙人指路,后卸乌龙滚身,高带魁星点斗,低底海底探金。

附二：五音八卦拳内功歌诀

歌诀二(内功歌诀)：气沉丹田运胸间,托手紧肩踏涌泉；顶贯精神冲百会,眼如流星手如电；吻唇闭口舌顶腭,地支天干最为先；混元一气功跟上,气行百孔调气海；大小周天运转地,天地人和结一体；五音八卦功练成,拳到人到定内功。

第三章 三十六路八卦拳动作图解

第一节 第一路

第一式：站立式

身体直立，双肩放松，呼吸自然。两脚脚跟并拢，双臂自然下垂，双手微贴大腿外侧，中指正对裤缝，气沉丹田，两眼直视前方。（图3-1）

图3-1 站立式

第二式：开门手

左手握拳向前捅，右手握拳移至身体后侧与身体呈30°夹角。左脚屈膝前移20厘米，身体重心放置右脚，左脚脚尖点地，双眼目视前方。（图3-2）

图 3-2　开门手

第三式：关门手

左手握拳拉回至身体后方与身体呈 45° 夹角,右手握拳捅出去,身体保持不动,双眼目视前方。(图 3-3)

图 3-3　关门手

第四式：打虎势

对左彻身,面向左前方,左腿提膝、脚背绷直、脚尖朝下,右腿膝盖撑直,左手握拳托起,右手握拳屈臂架起,身体单腿直立,双眼目视左前方。(图 3-4)

第三章　三十六路八卦拳动作图解

图 3-4　打虎势

第五式：进脚

右脚单腿支撑，左脚脚背绷直，对前撩腿自然落地，身体面朝左侧，双眼目视前方。（图 3-5）

图 3-5　进脚

第六式：原地抬直捶

左腿自然落地，左腿膝盖微屈，右腿膝盖撑直整个脚扒住地面，右手握拳自下而上向前捅，左手握拳向后拉，身体直立，双眼目视前方。（图 3-6）

图 3-6　原地拾直捶

第七式：健步

左脚尖点起，移至右脚前 30 厘米，右脚蹬起支撑，身体重心在右脚，左手握拳移至身体前侧，右手握拳移至身体后端，身体直立，双眼目视前方。（图 3-7）

图 3-7　健步

第八式：原地拾直捶

身体原地保持不动，左腿膝盖微屈，右腿膝盖撑直整个脚扒住地面，右手握拳自下而上向前捅，左手握拳向后拉，身体直立，双眼目视前方。（图 3-8）

第三章　三十六路八卦拳动作图解

图 3-8　原地拾直捶

第九式：扛势撤身

对后左脚蹬，膝盖撑直整个脚扒住地面，右腿膝盖微屈成弓步，左手握拳保持不动，右手握拳手臂折叠，右肩膀对前扛，身体向前倾，双眼目视右侧。（图 3-9）

图 3-9　扛势撤身

第十式：原地拾直捶

身体原地保持不动，右腿膝盖微屈，左腿膝盖撑直整个脚扒住地面，左手握拳自下而上向前捅，右手握拳向后拉，身体直立，双眼目视前方。（图 3-10）

图 3-10　原地抬直捶

第十一式：撤步抬直捶

右脚对后拉，左腿膝盖微屈，右腿膝盖撑直整个脚扒住地面，右拳自下而上对前捅，左手握拳向后拉。身体直立，双眼目视前方。（图 3-11）

图 3-11　撤步抬直捶

第十二式：一撇一砸

撇右脚对后转身，左、右手直臂握拳，左拳在上右拳在下，从眼前略过，身体面向右侧，双眼紧跟双拳目视右侧。（图 3-12）

第三章　三十六路八卦拳动作图解

图 3-12　一撇一砸

第十三式：进脚

右腿单脚支撑，左脚脚背绷直，左脚一边向前踢，双手握拳下压至身体前侧，身体直立，双眼目视前方。（图 3-13）

图 3-13　进脚

第十四、十五、十六式：三个拾直捶

左脚自然落地，左腿膝盖微屈，右腿膝盖撑直整个脚扒住地面，右手握拳自下而上向前捅，左手握拳向后拉，身体直立，双眼目视前方。（图 3-14）

图 3-14 拾直捶一

右脚向前迈步,右腿膝盖微屈,左腿膝盖撑直整个脚扒住地面,左手握拳自下而上向前捅,右手握拳向后拉,身体直立,双眼目视前方。(图 3-15)

图 3-15 拾直捶二

左脚向前迈步,左腿膝盖微屈,右腿膝盖撑直整个脚扒住地面,右手握拳自下而上向前捅,左手握拳向后拉,身体直立,双眼目视前方。(图 3-16)

第三章 三十六路八卦拳动作图解

图 3-16 拾直捶三

第十七式：单边式
身体向右转体，两手握拳，气沉丹田，把拳收到丹田上对外展开架起，双臂与地面平行，身体直立，双眼目视前方。（图 3-17）

图 3-17 单边式

第十八式：原地拾直捶
身体原地保持不动，向右旋转，右腿膝盖微屈，左腿膝盖撑直整个脚扒住地面，左手握拳自下而上向前捅，右手握拳向后拉，身体直立，双眼目视前方。（图 3-18）

图 3-18 原地拾直捶

第十九式：云捶

右手握拳继续向后拉,旋转一周从眼前移至丹田,左手自然移至丹田,形成云捶,身体微倾,双眼目视右侧。(图 3-19)

图 3-19 云捶

第二十式：撤步恨脚

身体向左旋转,左脚对后拉,脚落地带劲。左脚脚尖点地,重心移至右脚,左手握拳自下而上移至面前,右手握拳对后拉,双眼紧跟左拳目视左侧。(图 3-20)

第三章　三十六路八卦拳动作图解

图 3-20　撤步恨脚

第二十一式：原地拾直捶

动作与图 3-8 相同。

第二十二式：拜势

身体向右，右腿膝盖微屈，左腿膝盖撑直整个脚扒住地面，两手握拳阴阳把对移至胸前再拉开，身体向右倾斜，双眼目视左侧。（图 3-21）

图 3-21　拜势

第二节 第二路

第一式：压山

左脚脚尖点地，移至右脚前 30 厘米，重心放置右脚，把身子收回来，双手握拳，左拳托住右拳，右拳向下压，双眼目视前方。（图 3-22）

图 3-22 压山

第二式：健步

双手握拳放松至腰间，配合右脚、左脚起跳。（图 3-23）

图 3-23 健步

第三章 三十六路八卦拳动作图解

第三式：稀泥拔葱

双腿膝盖微屈，右手握拳向左脚方向下砸，左手握拳向后拉，身体向前下压，双眼目视右手下砸方向。（图3-24）

图3-24 稀泥拔葱

第四式：冲天炮

双腿膝盖微屈，左手配合右手，右手握拳对上冲，右手握拳向身体后侧拉，身体直立，双眼目视前方。（图3-25）

图3-25 冲天炮

第五式：原地拾直捶

动作与图3-8相同。

第六式：上步拾直捶

右脚向前上步，成弓步，右腿膝盖微屈，左腿膝盖撑直整个脚扒住地

面,左手握拳自下而上向前捅,右手握拳向后拉,身体直立,双眼目视前方。(图3-26)

图3-26 上步抬直捶一

左脚向前上步,成弓步,左腿膝盖微屈,右腿膝盖撑直整个脚扒住地面,右手握拳自下而上向前捅,左手握拳向后拉,身体直立,双眼目视前方。(图3-27)

图3-27 上步抬直捶二

第七式:单边式

身体向右旋转,气沉丹田,两手握拳合拢,由内向外一齐冲,身体直立,双眼目视前方。(图3-28)

第三章 三十六路八卦拳动作图解

图 3-28 单边式

第八式：原地拾直捶

动作与图 3-18 相同。

第九式：云捶、撤步恨脚、拾直捶、拜势

右手握拳继续向后拉，旋转一周从眼前移至丹田，左手自然移至丹田，形成云捶，身体微倾，双眼目视右侧。（图 3-29）

图 3-29 云捶

身体向左旋转，左脚对后拉，脚落地带劲。左脚脚尖点地，重心移至右脚，左手握拳自下而上移至面前，右手握拳对后拉，双眼紧跟左拳目视左侧。（图 3-30）

图 3-30 撤步恨脚

左脚向前迈步,左腿膝盖微屈,右腿膝盖撑直整个脚扒住地面,右手握拳自下而上向前捅,左手握拳向后拉,身体直立,双眼目视前方。(图 3-31)

图 3-31 拾直捶

拜势动作与图 3-21 相同。

第三节　第三路

第一式：上步拾直捶

左脚向前上步，成弓步，左腿膝盖微屈，右腿膝盖撑直整个脚扒住地面，右手握拳自下而上向前捅，左手握拳向后拉，身体直立，双眼目视前方。（图3-32）

图3-32　上步拾直捶

右脚向前上步，成弓步，右腿膝盖微屈，左腿膝盖撑直整个脚扒住地面，左手握拳自下而上向前捅，右手握拳向后拉，身体直立，双眼目视前方。（图3-33）

图3-33　上步拾直捶

左脚向前上步，成弓步，左腿膝盖微屈，右腿膝盖撑直整个脚扒住地面，右手握拳自下而上向前捅，左手握拳向后拉，身体直立，双眼目视前方。（图3-34）

图3-34　上步拾直捶

第二式：五记捶

身体向右旋转，双手握拳拳心朝上移至腰间，双臂夹紧，从腰间向前捅，右腿膝盖微屈，左腿膝盖撑直整个脚扒住地面，身体直立，双眼目视前方。（图3-35）

图3-35　五记捶

第三式：撤步拾直捶

右脚向后撤步，成弓步，左腿膝盖微屈，右腿膝盖撑直整个脚扒住地面，右手握拳自下而上向前捅，左手握拳向后拉，身体直立，双眼目视前

方。(图 3-36)

图 3-36　撤步拾直捶

第四式：一包一罢步

向右转身，双手握拳抱在胸前，右腿膝盖微屈对前罢，左腿膝盖撑直整个脚扒住地面，身体向右侧微斜，双眼目视右前方。(图 3-37)

图 3-37　一包一罢步

第五式：一包一罢步

左脚向前迈步，左腿膝盖微屈对前罢，双手握拳抱在胸前，右腿膝盖撑直整个脚扒住地面，身体向左侧微斜，双眼目视右前方。(图 3-38)

图 3-38 一包一罢步

第六式：原地拾直捶
动作与图 3-8 相同。

第七式：上步拾直捶
右脚向前迈，右腿膝盖微屈，左腿膝盖撑直整个脚扒住地面，左手握拳自下而上向前捅，右手握拳向后拉，身体直立，双眼目视前方。（图 3-39）

图 3-39 上步拾直捶

第八式：上步拾直捶
左脚向前迈，左腿膝盖微屈，右腿膝盖撑直整个脚扒住地面，右手握拳自下而上向前捅，左手握拳向后拉，身体直立，双眼目视前方。（图 3-40）

第三章　三十六路八卦拳动作图解

图 3-40　上步拾直捶

第九式：单边势
动作与图 3-28 相同。
第十式：云捶
　　右手握拳，旋转半周从眼前移至丹田，左手自然移至丹田，形成云捶，身体微倾，双眼目视右侧。（图 3-41）

图 3-41　云捶

第十一式，撤步恨脚
动作与图 3-20 相同。
第十二式：上步拾直捶
动作与图 3-40 相同。
第十三式：拜势
动作与图 3-21 相同。

第四节 第四路

第一式：原地拾直捶

身体向左转体，左腿膝盖微屈，右腿膝盖撑直整个脚扒住地面，右手握拳自下而上向前捅，左手握拳向后拉，身体直立，双眼目视前方。（图 3-42）

图 3-42 原地拾直捶

第二式：上步拾直捶

右脚向前迈，右腿膝盖微屈，左腿膝盖撑直整个脚扒住地面，左手握拳自下而上向前捅，右手握拳向后拉，身体直立，双眼目视前方。（图 3-43）

图 3-43 上步拾直捶

第三章　三十六路八卦拳动作图解

第三式：上步拾直捶

动作与图 3-40 相同。

第四式：凤凰单展翅

左腿单腿起跳，左手变掌击打左脚背，右臂随身体自然摆动，身体腾空时腰腹挺直，双眼目视击打部位。（图 3-44）

图 3-44　凤凰单展翅

第五式：原地拾直捶

身体原地保持不动，左脚自然落地，左腿膝盖微屈，右腿膝盖撑直整个脚扒住地面，右手握拳自下而上向前捅，左手握拳向后拉，身体直立，双眼目视前方。（图 3-45）

图 3-45　原地拾直捶

第六式：二踢
　　左腿收起提膝，右脚蹬地跳起，左腿自然下落同时右手变掌击打右脚背，身体腾空时腰腹挺直，双眼目视击打部位。（图3-46）

图3-46　二踢

第七式：斜捶
　　右脚自然落地成弓步，右腿膝盖微屈，左腿膝盖撑直整个脚扒住地面，右手握拳捅出去，移至面前，左手握拳向身体后侧拉，身体朝右，双眼目视右侧。（图3-47）

图3-47　斜捶

第八式：凤凰双展翅
　　右腿单腿起跳，左手变掌击打左脚背，右臂随身体自然摆动，腾空击打完毕后迅速右手变掌击打右脚脚背，左腿自然落地，身体腾空时腰腹挺

直,双眼目视击打部位。(图3-48、图3-49)

图 3-48　凤凰双展翅

图 3-49　凤凰双展翅

第九式：上步抬直捶
动作与图3-16相同。
第十式：上步抬直捶
动作与图3-15相同。
第十一式：上步抬直捶
动作与图3-16相同。
第十二式：单边式、原地抬直捶、云捶、撤步恨脚、原地抬直捶、拜式
单边式动作与图3-28相同。
身体向右旋转,右腿膝盖微屈,右腿膝盖撑直整个脚扒住地面,左手

握拳自下而上向前捅，右手握拳向后拉，身体直立，双眼目视前方。（图 3-50）

图 3-50 原地拾直捶

右手握拳，旋转半周从眼前移至丹田，左手自然移至丹田，形成云捶，身体微倾，双眼目视右侧。（图 3-51）

图 3-51 云捶

左脚向前迈步，左腿膝盖微屈对前罢，双手握拳抱在胸前，右腿膝盖撑直整个脚扒住地面，身体向左侧微斜，双眼目视右前方。（图 3-52）

第三章 三十六路八卦拳动作图解

图 3-52 撤步恨脚

身体保持不动,左腿膝盖微屈,右腿膝盖撑直整个脚扒住地面,右手握拳自下而上向前捅,左手握拳向后拉,身体直立,双眼目视前方。(图 3-53)

图 3-53 原地抬直捶

拜式动作与图 3-21 相同。

第五节 第五路

第一式：短捶

原地不动，左脚提膝、脚背绷直、脚尖朝下，右腿直立，左手握拳捅出，右手握拳移至腰间，身体直立，双眼目视前方。（图3-54）

图 3-54 短捶

第二式：长捶

身体向左转身变脸，左脚自然落地，双手握拳抱在丹田，身体旋转到位后，双拳从胸前向两侧捅，双腿微屈，身体直立，双眼目视前方。（图3-55）

图 3-55 长捶

第三章 三十六路八卦拳动作图解

第三式：转身拾直捶

身体向右旋转，右腿膝盖微屈，左腿膝盖撑直整个脚扒住地面，左手握拳自下而上向前捅，右手握拳向后拉，身体直立，双眼目视前方。（图3-56）

图 3-56 转身拾直捶

第四式：上步拾直捶

动作与图 3-16 相同。

第五式：扫腿

身体下压前倾，双手紧挨左脚触地，右脚从后对前扫，身体重心移至左脚，扫腿时呈扇形状。（图 3-57）

图 3-57 扫腿

第六式：原地拾直捶

身体原地不动，左腿膝盖微屈，右腿膝盖撑直整个脚扒住地面，右手握拳自下而上向前捅，左手握拳向后拉，身体直立，双眼目视前方。（图3-58）

图 3-58　原地拾直捶

第七式：一劈一砸

身体保持原地不动，左、右手握拳从面前自左下对右上方云过去，砸到下方，双腿保持直立，身体向右倾，双眼目视右侧。（图 3-59）

图 3-59　一劈一砸

第八式：夸虎

身体向左旋转，转过身后，右腿单脚站立，左腿提膝、脚背绷直、脚尖向下。右手握拳在上架起，拳心朝下，左手握拳在下，拳心朝上。身体直立，

第三章 三十六路八卦拳动作图解

双眼目视前方。(图 3-60)

图 3-60 夸虎

第九式：进脚

身体动作保持不动，左脚脚尖绷直对前踢。右腿单脚直立，双眼目视前方。(图 3-61)

图 3-61 进脚

第十式：原地拾直捶

左脚自然下落，左腿膝盖微屈，右腿膝盖撑直整个脚扒住地面，右手握拳自下而上向前捅，左手握拳向后拉，身体直立，双眼目视前方。(图 3-62)

图 3-62 原地拾直捶

第十一式：上步拾直捶

右腿向前上步，右腿膝盖微屈，左腿膝盖撑直整个脚扒住地面，左手握拳自下而上向前捅，右手握拳向后拉，身体直立，双眼目视前方。（图 3-63）

图 3-63 上步拾直捶

第十二式：上步拾直捶

左脚向前上步，左腿膝盖微屈，右腿膝盖撑直整个脚扒住地面，右手握拳自下而上向前捅，左手握拳向后拉，身体直立，双眼目视前方。（图 3-64）

第三章 三十六路八卦拳动作图解

图 3-64 上步拾直捶

第十三式：单边式

动作与图 3-28 相同。

第十四式：原地拾直捶

身体向右旋转，右腿膝盖微屈，左腿膝盖撑直整个脚扒住地面，左手握拳自下而上向前捅，右手握拳向后拉，身体直立，双眼目视前方。（图 3-65）

图 3-65 原地拾直捶

第十五式：云捶

右手握拳自后向前移至斜上方 45°，左手握拳自前向后移至身体后侧 45°，右腿膝盖微屈，左腿膝盖撑直整个脚扒住地面。身体直立，双眼目视前方。（图 3-66）

图 3-66 云捶

第十六式：撤步恨脚

左脚向前迈步，左腿膝盖微屈对前罢，双手握拳抱在胸前，右腿膝盖撑直整个脚扒住地面，身体向左侧微斜，双眼目视右前方。（图 3-67）

图 3-67 撤步恨脚

第十七式：拾直捶

左脚原地不动，右脚对后拉，左腿膝盖微屈，右腿膝盖撑直整个脚扒住地面，左手握拳自后向前移至斜上方 45°，右手握拳自前向后移至身体后侧 45°。身体直立，双眼目视前方。（图 3-68）

第三章 三十六路八卦拳动作图解

图 3-68 拾直捶

第十八式：拜势
动作与图 3-21 相同。

第六节 第六路

第一式：原地拾直捶
身体向左旋转，左腿膝盖微屈，右腿膝盖撑直整个脚扒住地面，右手握拳自下而上向前捅，左手握拳向后拉，身体直立，双眼目视前方。（图 3-69）

图 3-69 原地拾直捶

第二式：上步拾直捶
动作与图 3-15 相同。
第三式：上步拾直捶
动作与图 3-16 相同。
第四式：扛势
　　身体向右旋转，左膝盖撑直整个脚扒住地面，右腿膝盖微屈成弓步，左手握拳保持不动，右手握拳手臂折叠，右肩膀对前扛，身体向前倾，双眼目视右侧。（图 3-70）

图 3-70　扛势

第五式：原地拾直捶
动作与图 3-10 相同。
第六式：滚身
　　身子旋起，右腿蹬，左脚旋在空中，右脚紧跟旋起，左脚落前，右脚落后（图 3-71）

图 3-71　滚身

第三章 三十六路八卦拳动作图解

第七式：对后一个十字

原地身体向右旋转，左手握拳移至面前，右手握拳架在右侧，与地面平行，双手握拳对一个十字。身体面向右侧，双眼直视前方。（图3-72）

图3-72 对后一个十字

第八式：握心捶

原地不动，两手握拳移至两斜肋，右腿膝盖微屈，左腿膝盖撑直整个脚扒住地面，身体直立，双眼目视前方。（图3-73）

图3-73 握心捶

第九式：斜捶

身体原地不动成弓步，右腿膝盖微屈，左腿膝盖撑直整个脚扒住地面，右手握拳捅出去，移至面前，左手握拳向身体后侧拉，身体朝右，双眼目视右侧。（图3-74）

图 3-74 斜捶

第十式：原地拾直捶
动作与图 3-10 相同。
第十一式：上步拾直捶
左脚向前上步，左腿膝盖微屈，右腿膝盖撑直整个脚扒住地面，右手握拳自下而上向前捅，左手握拳向后拉，身体直立，双眼目视前方。（图 3-75）

图 3-75 上步拾直捶

第十二式：单边式
动作与图 3-28 相同。
第十三式：原地拾直捶
动作与图 3-8 相同。

第十四式：云捶
动作与图3-41相同。
第十五式：撤步恨脚、拾直捶
身体向左旋转，左脚对后拉，脚落地带劲。左脚脚尖点地，重心移至右脚，左手握拳自下而上移至面前，右手握拳对后拉，双眼紧跟左拳目视左侧。（图3-76）

图3-76 撤步恨脚

右脚向后撤，左腿膝盖微屈，右腿膝盖撑直整个脚扒住地面，左手握拳自下而上向前捅，右手握拳向后拉，身体直立，双眼目视前方。（图3-77）

图3-77 拾直捶

第十六式：拜势
动作与图3-21相同。

第七节　第七路

第一式：短捶

原地不动，左脚提膝、脚背绷直、脚尖朝下，右腿直立，左手握拳捅出，右手握拳移至腰间，身体直立，双眼目视前方。（图 3-78）

图 3-78　短捶

第二式：长捶

身体向左转身变脸，左脚自然落地，双手握拳抱在丹田，身体旋转到位后，双拳从胸前向两侧捅，双腿微屈，身体直立，双眼目视前方。（图 3-79）

图 3-79　长捶

第三式：原地抬直捶

身体原地保持不动，向左旋转，左腿膝盖微屈，右腿膝盖撑直整个脚

第三章　三十六路八卦拳动作图解

扒住地面,右手握拳自下而上向前捅,左手握拳向后拉,身体直立,双眼目视前方。(图3-80)

图 3-80　原地抬直捶

第四式:撤步抬直捶

左腿向后拉,成弓步,右腿膝盖微屈,左腿膝盖撑直整个脚扒住地面,左手握拳自下而上向前捅,右手握拳向后拉,身体直立,双眼目视前方。(图3-81)

图 3-81　撤步抬直捶

第五式:撤步抬直捶

右腿向后拉,成弓步,左腿膝盖微屈,右腿膝盖撑直整个脚扒住地面,右手握拳自下而上向前捅，左手握拳向后拉，身体直立，双眼目视前方。
（图 3-82）

图 3-82 撤步拾直捶

第六式：一劈一砸

身体保持原地不动，左、右手握拳从面前自左下对右上方云过去，砸到下方，双腿保持直立，身体向右倾，双眼目视右侧。（图 3-83）

图 3-83 一劈一砸

第七式：进脚

右腿单脚支撑，左脚脚背绷直，左脚一边向前踢，左手握拳托在丹田，右手握拳架起，身体直立，双眼目视前方。（图 3-84）

第三章 三十六路八卦拳动作图解

图 3-84 进脚

第八式：原地拾直捶
动作与图 3-10 相同。
第九式：上步拾直捶
动作与图 3-16 相同。
第十式：上步拾直捶
动作与图 3-15 相同。
第十一式：单边式
　身体向左旋转，气沉丹田，两手握拳合拢，由内向外一齐冲，身体直立，双眼目视前方。（图 3-85）

图 3-85 单边式

第十二式：转身拾直捶

身体向右旋转,右腿膝盖微屈,左腿膝盖撑直整个脚扒住地面,左手握拳自下而上向前捅,右手握拳向后拉,身体直立,双眼目视前方。(图3-86)

图 3-86 转身抬直捶

第十三式:云捶

身体向左旋转,左手握拳自后向前移至斜上方45°,右手握拳自前向后移至身体后侧45°,左腿膝盖微屈,右腿膝盖撑直整个脚扒住地面。身体直立,双眼目视前方。(图 3-87)

图 3-87 云捶

第十四式:撤步恨脚
动作与图 3-20 相同。

第三章 三十六路八卦拳动作图解

第十五式：原地拾直捶
身体原地保持不动，向左旋转，左腿膝盖微屈，右腿膝盖撑直整个脚扒住地面，右手握拳自下而上向前捅，左手握拳向后拉，身体直立，双眼目视前方。（图3-88）

3-88 原地拾直捶

第十六式：拜势
动作与图3-21相同。

第八节 第八路

第一式：原地拾直捶
身体原地保持不动，向左旋转，左腿膝盖微屈，右腿膝盖撑直整个脚扒住地面，右手握拳自下而上向前捅，左手握拳向后拉，身体直立，双眼目视前方。（图3-89）

图 3-89　原地拾直捶

第二式：上步拾直捶
动作与图 3-15 相同。
第三式：上步拾直捶
动作与图 3-16 相同。
第四式：长捶
身体向右转身变脸，双手握拳抱在丹田，身体旋转到位后，双拳从胸前向两侧捅，双腿微屈，身体直立，双眼目视前方。（图 3-90）

图 3-90　长捶

第五式：原地拾直捶
身体原地保持不动，向左旋转，左腿膝盖微屈，右腿膝盖撑直整个脚扒住地面，右手握拳自下而上向前捅，左手握拳向后拉，身体直立，双眼目

视前方。(图 3-91)

图 3-91 原地拾直捶

第六式：撤步拾直捶

左脚向后撤步,成弓步,右腿膝盖微屈,左腿膝盖撑直整个脚扒住地面,左手握拳自下而上向前捅,右手握拳向后拉,身体直立,双眼目视前方。(图 3-92)

图 3-92 撤步拾直捶

第七式：撤步拾直捶

右脚向后撤步,成弓步,左腿膝盖微屈,右腿膝盖撑直整个脚扒住地面,右手握拳自下而上向前捅,左手握拳向后拉,身体直立,双眼目视前方。(图 3-93)

图 3-93 撤步拾直捶

第八式：单边式

身体向右旋转，气沉丹田，两手握拳合拢，由内向外一齐冲，两拳从丹田对外发半捶，身体直立，双眼目视前方。（图 3-94）

图 3-94 单边式

第九式：原地拾直捶

身体原地保持不动，向左旋转，左腿膝盖微屈，右腿膝盖撑直整个脚扒住地面，右手握拳自下而上向前捅，左手握拳向后拉，身体直立，双眼目视前方。（图 3-95）

第三章 三十六路八卦拳动作图解

图 3-95 原地抬直捶

第十式：上步抬直捶
动作与图 3-26 相同。

第十一式：二踢
左腿收起提膝，右脚蹬地跳起，左腿自然下落同时右手变掌击打右脚背，身体腾空时腰腹挺直，双眼目视击打部位。（图 3-96）

图 3-96 二踢

第十二式：斜捶
右脚自然落地成弓步，右腿膝盖微屈，左腿膝盖撑直整个脚扒住地面，两拳在胸前交叉，右手握拳捅出去，移至面前，左手握拳向身体后侧拉，身体朝右，双眼目视右侧。（图 3-97）

图 3-97 斜捶

第十三式：上步斜捶

右脚向前迈步，成弓步，左腿膝盖微屈，右腿膝盖撑直整个脚扒住地面，两拳在胸前交叉，左手握拳捅出去，移至面前，右手握拳向身体后侧拉，身体朝左，双眼目视左侧。（图 3-98）

图 3-98 上步斜捶

第十四式：原地抬直捶
动作与图 3-18 相同。

第十五式：撤步抬直捶

右脚向后撤步，成弓步，左腿膝盖微屈，右腿膝盖撑直整个脚扒住地面，右手握拳自下而上向前捅，左手握拳向后拉，身体直立，双眼目视前方。（图 3-99）

第三章 三十六路八卦拳动作图解

图 3-99 撤步拾直捶

第十六式：一劈一砸

身体向右旋转，左、右手握拳从面前自左下对右上方云过去，砸到下方，身体向右倾，双眼目视右侧。（图 3-100）

图 3-100 一劈一砸

第十七式：进脚

身体向左转身，左脚脚尖绷直对前踢。右腿单脚直立，双手握拳抱在怀中，双眼目视前方。（图 3-101）

图 3-101　进脚

第十八式：原地拾直捶

右腿自然下落，成弓步，左腿膝盖微屈，右腿膝盖撑直整个脚扒住地面，右手握拳自下而上向前捅，左手握拳向后拉，身体直立，双眼目视前方。（图 3-102）

图 3-102　原地拾直捶

第十九式：上步拾直捶

身体原地不动，成弓步，左腿膝盖微屈，右腿膝盖撑直整个脚扒住地面，右手握拳自下而上向前捅，左手握拳向后拉，身体直立，双眼目视前方。（图 3-103）

第三章　三十六路八卦拳动作图解

图 3-103　上步拾直捶

第二十式：上步拾直捶
动作与图 3-26 相同。
第二十一式：单边式
身体向左旋转，气沉丹田，两手握拳合拢，由内向外一齐冲，两拳从丹田对外发半捶，身体直立，双眼目视前方。（图 3-104）

图 3-104　单边式

第二十二式：原地拾直捶
动作与图 3-18 相同。
第二十三式：云捶
动作与图 3-41 相同。
第二十四式：撤步恨脚

左脚向前上步,左脚对后拉,脚落地带劲。左脚脚尖点地,重心移至右脚,左手握拳自下而上移至面前,右手握拳对后拉,双眼紧跟左拳目视左侧。(图3-105)

图3-105 撤步恨脚

第二十五式:原地拾直捶
动作与图3-8相同
第二十六式:拜势
动作与图3-21相同。

第九节　第九路

第一式:原地拾直捶
身体原地保持不动,向左旋转,左腿膝盖微屈,右腿膝盖撑直整个脚扒住地面,右手握拳自下而上向前捅,左手握拳向后拉,身体直立,双眼目视前方。(图3-106)

第三章 三十六路八卦拳动作图解

图 3-106 原地抬直捶

第二式：上步抬直捶
动作与图 3-26 相同。
第三式：上步抬直捶
动作与图 3-32 相同。
第四式：五记捶
动作与图 3-35 相同。
第五式：撤步抬直捶
右脚向后撤步，成弓步，左腿膝盖微屈，右腿膝盖撑直整个脚扒住地面，右手握拳自下而上向前捅，左手握拳向后拉，身体直立，双眼目视前方。（图 3-107）

图 3-107 撤步抬直捶

第六式：转身拾直捶
　　身体向右旋转，成弓步，右腿膝盖微屈，左腿膝盖撑直整个脚扒住地面，左手握拳自下而上向前捅，右手握拳向后拉，身体直立，双眼目视前方。（图3-108）

图3-108　转身拾直捶

第七式：上步拾直捶
动作与图3-32相同。
第八式：转身五记捶
动作与图3-35相同。
第九式：撤步拾直捶
　　右脚向后撤步，成弓步，左腿膝盖微屈，右腿膝盖撑直整个脚扒住地面，右手握拳自下而上向前捅，左手握拳向后拉，身体直立，双眼目视前方。（图3-109）

图3-109　撤步拾直捶

第三章 三十六路八卦拳动作图解

第十式：长捶

身体向右转身变脸，双手握拳抱在丹田，身体旋转到位后，双拳从胸前向两侧捅，双腿微屈，身体直立，双眼目视前方。（图3-110）

图3-110 长捶

第十一式：原地拾直捶

动作与图3-18相同。

第十二式：上步拾直捶

动作与图3-32相同。

第十三式：单边势

动作与图3-28相同。

第十四式：原地拾直捶

动作与图3-18相同。

第十五式：云捶

动作与图3-41相同。

第十六式：撤步恨脚

左脚向前上步，左脚对后拉，脚落地带劲。左脚脚尖点地，重心移至右脚，左手握拳自下而上移至面前，右手握拳对后拉，双眼紧跟左拳目视左侧。（图3-111）

第十七式：拾直捶

动作与图3-32相同。

第十八式：拜势

动作与图3-21相同。

3-111 撤步恨脚

第十节　第十路

第一式：长捶

身体向左转身变脸，双手握拳抱在丹田，身体旋转到位后，双拳从胸前向两侧捅，双腿微屈，身体直立，双眼目视前方。（图3-112）

图3-112　长捶

第三章 三十六路八卦拳动作图解

第二式：上步长捶

迟步转身，身体向左转身变脸，右脚自然落地，双手握拳抱在丹田，身体旋转到位后，双拳从胸前向两侧捅，双腿微屈，身体直立，双眼目视前方。（图 3-113）

图 3-113 上步长捶

第三式：上步长捶

迟步转身，身体向右转身变脸，左脚自然落地，双手握拳抱在丹田，身体旋转到位后，双拳从胸前向两侧捅，双腿微屈，身体直立，双眼目视前方。（图 3-114）

图 3-114 上步长捶

第四式：原地拾直捶

身体原地保持不动,向左旋转,左腿膝盖微屈,右腿膝盖撑直整个脚扒住地面,右手握拳自下而上向前捅,左手握拳向后拉,身体直立,双眼目视前方。(图3-115)

图3-115 原地拾直捶

第五式：回头望月

身体原地不动,向右转身,右手握拳架起,左手握拳托起,右手高,左手低,右腿膝盖微屈,左腿膝盖撑直,双眼目视左侧。(图3-116)

图3-116 回头望月

第六式：原地拾直捶

动作与图3-18相同。

第七式：撤步拾直捶

右脚向后撤步,成弓步,左腿膝盖微屈,右腿膝盖撑直整个脚扒住地

面,右手握拳自下而上向前捅,左手握拳向后拉,身体直立,双眼目视前方。(图 3-117)

图 3-117　撤步抬直捶

第八式:扛势

身体向右旋转,左膝盖撑直整个脚扒住地面,右腿膝盖微屈成弓步,左手握拳保持不动,右手握拳手臂折叠,右肩膀对前扛,身体向前倾,双眼目视右侧。(图 3-118)

图 3-118　扛势

第九式:原地抬直捶
动作与图 3-10 相同。
第十式:撤步抬直捶
动作与图 3-32 相同。

第十一式：原地拾直捶
动作与图 3-18 相同。
第十二式：撤步拾直捶
右脚向后撤步，成弓步，左腿膝盖微屈，右腿膝盖撑直整个脚扒住地面，右手握拳自下而上向前捅，左手握拳向后拉，身体直立，双眼目视前方。（图 3-119）

图 3-119　撤步拾直捶

第十三式：一劈一砸
身体保持原地不动，左、右手握拳从面前自左下对右上方云过去，砸到下方，右腿膝盖微屈，左腿膝盖撑直整个脚扒住地面，身体向右倾，双眼目视右侧。（图 3-120）

图 3-120　一劈一砸

第三章 三十六路八卦拳动作图解

第十四式：进脚

上身动作保持不动，身体向右转身，左腿提膝，左脚脚尖绷直对前踢。右腿单脚直立，双眼目视前方。（图3-121）

图3-121 进脚

第十五式：原地拾直捶
动作与图3-6相同。

第十六式：上步拾直捶
动作与图3-26相同。

第十七式：上步拾直捶
动作与图3-32相同。

第十八式：单边势
动作与图3-28相同。

第十九式：原地拾直捶
动作与图3-18相同。

第二十式：云捶、撤步恨脚

右手握拳，旋转半周从眼前移至丹田，左手自然移至丹田，形成云捶，身体微倾，双眼目视右侧。

身体向左旋转，左脚对后拉，脚落地带劲。左脚脚尖点地，重心移至右脚，左手握拳自下而上移至面前，右手握拳对后拉，双眼紧跟左拳目视左侧。（图3-122）

第二十一式：原地拾直捶
动作与图3-8相同。

第二十二式：拜势
动作与图 3-21 相同。

图 3-122　云捶、撤步恨脚

第十一节　第十一路

第一式：原地拾直捶
身体原地保持不动，向左旋转，左腿膝盖微屈，右腿膝盖撑直整个脚扒住地面，右手握拳自下而上向前捅，左手握拳向后拉，身体直立，双眼目视前方。（图 3-123）

图 3-123　原地拾直捶

第三章　三十六路八卦拳动作图解

第二式：上步拾直捶
动作与图 3-26 相同。

第三式：长捶
身体向左转身变脸，双手握拳抱在丹田，身体旋转到位后，双拳从胸前向两侧捅，双腿微屈，身体直立，双眼目视前方。（图 3-124）

图 3-124　长捶

第四式：原地拾直捶
动作与图 3-18 相同。

第五式：上步拾直捶
动作与图 3-32 相同。

第六式：扫腿
身体下压前倾，双手紧挨左脚触地，右脚从后对前扫，身体重心移至左脚，扫腿时呈扇形状。（图 3-125）

图 3-125　扫腿

第七式：原地拾直捶

动作与图 3-10 相同。

第八式：上步拾直捶

动作与图 3-32 相同。

第九式：单边势

动作与图 3-28 相同。

第十式：原地拾直捶

动作与图 3-18 相同。

第十一式：云捶

动作与图 3-41 相同。

第十二式：撤步恨脚

左脚向前上步，左脚对后拉，脚落地带劲。左脚脚尖点地，重心移至右脚，左手握拳自下而上移至面前，右手握拳对后拉，双眼紧跟左拳目视左侧。（图 3-126）

图 3-126　撤步恨脚

第十三式：原地拾直捶

动作与图 3-8 相同。

第十四式：拜势

动作与图 3-21 相同。

第十二节　第十二路

第一式：原地抬直捶

身体原地保持不动，向左旋转，左腿膝盖微屈，右腿膝盖撑直整个脚扒住地面，右手握拳自下而上向前捅，左手握拳向后拉，身体直立，双眼目视前方。（图3-127）

图 3-127　原地抬直捶

第二式：上步抬直捶

动作与图 3-26 相同。

第三式：上步抬直捶

动作与图 3-32 相同。

第四式：斜捶

身体向右转身，成弓步，右腿膝盖微屈，左腿膝盖撑直整个脚扒住地面，两拳在胸前交叉，右手握拳捅出去，移至面前，左手握拳向身体后侧拉，身体朝右，双眼目视右侧。（图3-128）

图 3-128 斜捶

第五式：原地拾直捶

动作与图 3-18 相同。

第六式：左开弓

身体向左转身，左腿提膝、脚背绷直、脚尖朝下。左手握拳收回腰间移至面前，右手握拳移至腰间托在斜肋，右腿单腿支撑，身体直立，双眼目视前方。（图 3-129）

图 3-129 左开弓

第七式：右开弓

身体原地不动，右腿提膝、脚背绷直、脚尖朝下。右手握拳从腰间捅出去，左手握拳移至腰间托在斜肋，左腿单腿支撑，身体直立，双眼目视前方。（图 3-130）

第三章 三十六路八卦拳动作图解

图 3-130 右开弓

第八式：上步揝直捶
动作与图 3-26 相同。
第九式：上步揝直捶
动作与图 3-32 相同。
第十式：扛势
身体向右旋转，左膝盖撑直整个脚扒住地面，右腿膝盖微屈成弓步，左手握拳保持不动，右手握拳手臂折叠，右肩膀对前扛，身体向前倾，双眼目视右侧。（图 3-131）

图 3-131 扛势

第十一式：原地揝直捶
动作与图 3-10 相同。

第十二式：撤步拾直捶

右脚向后撤步，成弓步，左腿膝盖微屈，右腿膝盖撑直整个脚扒住地面，右手握拳自下而上向前捅，左手握拳向后拉，身体直立，双眼目视前方。（图 3-132）

图 3-132　撤步拾直捶

第十三式：一劈一砸

身体保持原地不动，左、右手握拳从面前自左下对右上方云过去，砸到下方，双腿保持直立，身体向右倾，双眼目视右侧。（图 3-133）

图 3-133　一劈一砸

第十四式：进脚

上身动作保持不动，左腿提膝，左脚脚尖绷直对前踢。右腿单脚直立，双眼目视前方。（图 3-134）

第三章 三十六路八卦拳动作图解

图 3-134 进脚

第十五式：怀中抱月

左脚自然落地，成弓步，左腿膝盖微屈，右腿膝盖撑直整个脚扒住地面，双手握拳从两侧拉在胸前抱月。身体直立，双眼目视前方。（图 3-135）

图 3-135 怀中抱月

第十六式：原地拾直捶
动作与图 3-8 相同。
第十七式：上步拾直捶
动作与图 3-26 相同。
第十八式：上步拾直捶
动作与图 3-32 相同。
第十九式：单边势

动作与图 3-28 相同。
第二十式：原地拾直捶
动作与图 3-18 相同。
第二十一式：云捶
动作与图 3-41 相同。
第二十二式：撤步恨脚

左脚向前上步，左脚对后拉，脚落地带劲。左脚脚尖点地，重心移至右脚，左手握拳自下而上移至面前，右手握拳对后拉，双眼紧跟左拳目视左侧。（图 3-136）

图 3-136 撤步恨脚

第二十三式：原地拾直捶
动作与图 3-8 相同。
第二十四式：拜势
动作与图 3-21 相同。

第十三节　第十三路

第一式：斜捶

身体原地不动，向左转身，左腿膝盖微屈，右腿膝盖撑直整个脚扒住地面，两拳在胸前交叉，左手握拳捅出去，移至面前，右手握拳向身体后侧拉，身体朝左，双眼目视左侧。（图 3-137）

第三章 三十六路八卦拳动作图解

图 3-137 斜捶

第二式：原地拾直捶

动作与图 3-8 相同。

第三式：扫腿

身体下压前倾，双手紧挨左脚触地，右脚从后对前扫，身体重心移至左脚，扫腿时呈扇形状。（图 3-138）

图 3-138 扫腿

第四式：波腿

右脚单脚支撑，左腿提膝对右摆过去，身体重心向左，双手随身体自然向左，身体直立，双眼目视前方。（图 3-139）

图 3-139 波腿

第五式：霍捶

左腿自然落地，右腿膝盖微屈，左腿膝盖撑直整个脚扒住地面，双手握拳两拳心朝下，两拳从腰间一起捅出去。身体直立，双眼目视前方。（图 3-140）

图 3-140 霍捶

第六式：原地拾直捶

动作与图 3-10 相同。

第七式：一劈一砸

身体原地半转身，左、右手握拳从面前自左下对右上方云过去，砸到下方，双腿保持直立，身体向右倾，双眼目视右侧。（图 3-141）

第三章 三十六路八卦拳动作图解

图 3-141 一劈一砸

第八式：进脚

上身动作保持不动，左腿提膝，左脚脚尖绷直对前踢。右腿单脚直立，双眼目视前方。（图 3-142）

图 3-142 进脚

第九式：原地抬直捶
动作与图 3-45 相同。
第十式：上步抬直捶
动作与图 3-26 相同。
第十一式：上步抬直捶
动作与图 3-32 相同。

第十二式：单边势
动作与图 3-28 相同。
第十三式：原地拾直捶
动作与图 3-18 相同。
第十四式：云捶
动作与图 3-41 相同。
第十五式：撤步恨脚
动作与图 3-20 相同。
第十六式：原地拾直捶
动作与图 3-8 相同。
第十七式：拜势
动作与图 3-21 相同。

第十四节　第十四路

第一式：原地拾直捶
身体原地保持不动，向左旋转，左腿膝盖微屈，右腿膝盖撑直整个脚扒住地面，右手握拳自下而上向前捅，左手握拳向后拉，身体直立，双眼目视前方。（图 3-143）

图 3-143　原地拾直捶

第三章 三十六路八卦拳动作图解

第二式：上步拾直捶
动作与图 3-26 相同。
第三式：上步拾直捶
动作与图 3-32 相同。
第四式：霍捶
身体向右转身，右腿膝盖微屈，左腿膝盖撑直整个脚扒住地面，双手握拳两拳心朝下，两拳从腰间一齐捅出去。身体直立，双眼目视前方。（图3-144）

图 3-144 霍捶

第五式：撤步拾直捶
右脚向后撤步，成弓步，左腿膝盖微屈，右腿膝盖撑直整个脚扒住地面，右手握拳自下而上向前捅，左手握拳向后拉，身体直立，双眼目视前方。（图 3-145）

图 3-145 撤步拾直捶

第六式：原地拾直捶

动作与图 3-18 相同。

第七式：上步拾直捶

动作与图 3-32 相同。

第八式：原地拾直捶

动作与图 3-18 相同。

第九式：霍捶

右腿膝盖微屈，左腿膝盖撑直整个脚扒住地面，双手握拳两拳心朝下，两拳从腰间一齐捅出去。身体直立，双眼目视前方。（图 3-146）

图 3-146 霍捶

第十式：撤步拾直捶

右脚向后撤步，成弓步，左腿膝盖微屈，右腿膝盖撑直整个脚扒住地面，右手握拳自下而上向前捅，左手握拳向后拉，身体直立，双眼目视前方。（图 3-147）

第十一式：扛势

身体向右旋转，左膝盖撑直整个脚扒住地面，右腿膝盖微屈成弓步，左手握拳保持不动，右手握拳手臂折叠，右肩膀对前扛，身体向前倾，双眼目视右侧。（图 3-148）

第三章 三十六路八卦拳动作图解

图 3-147 撤步拾直捶

图 3-148 扛势

第十二式：原地拾直捶
动作与图 3-18 相同。
第十三式：上步拾直捶
动作与图 3-32 相同。
第十四式：上步拾直捶
动作与图 3-26 相同。
第十五式：上步拾直捶
动作与图 3-32 相同。
第十六式：单边势
动作与图 3-28 相同。

第十七式：原地拾直捶
动作与图 3-18 相同。
第十八式：云捶
动作与图 3-41 相同。
第十九式：撤步恨脚
左脚对后拉，脚落地带劲。左脚脚尖点地，重心移至右脚，左手握拳自下而上移至面前，右手握拳对后拉，双眼紧跟左拳目视左侧。（图 3-149）

图 3-149 撤步恨脚

第二十式：原地拾直捶
动作与图 3-8 相同。
第二十一式：拜势
动作与图 3-21 相同。

第十五节　第十五路

第一式：原地拾直捶
身体原地保持不动，向左旋转，左腿膝盖微屈，右腿膝盖撑直整个脚扒住地面，右手握拳自下而上向前捅，左手握拳向后拉，身体直立，双眼目视前方。（图 3-150）

第三章 三十六路八卦拳动作图解

图 3-150 原地抬直捶

第二式：上步抬直捶
动作与图 3-26 相同。
第三式：上步抬直捶
动作与图 3-32 相同。
第四式：斜捶
左腿膝盖微屈，右腿膝盖撑直整个脚扒住地面，两拳在胸前交叉，左手握拳捅出去，移至面前，右手握拳向身体后侧拉，身体朝左，双眼目视左侧。（图 3-151）

图 3-151 斜捶

第五式：原地拾直捶

身体原地保持不动，向右旋转，右腿膝盖微屈，左腿膝盖撑直整个脚扒住地面，右手握拳自下而上向前捅，左手握拳向后拉，身体直立，双眼目视前方。（图 3-152）

图 3-152　原地拾直捶

第六式：原地拾直捶

右腿膝盖微屈，左腿膝盖撑直整个脚扒住地面，左手握拳自下而上向前捅，右手握拳向后拉，身体直立，双眼目视前方。（图 3-153）

图 3-153　原地拾直捶

第七式：上步拾直捶

动作与图 3-32 相同。

第八式：五记捶

第三章 三十六路八卦拳动作图解

动作与图 3-35 相同。

第九式：撤步拾直捶

右脚向后撤步，成弓步，左腿膝盖微屈，右腿膝盖撑直整个脚扒住地面，右手握拳自下而上向前捅，左手握拳向后拉，身体直立，双眼目视前方。（图 3-154）

图 3-154 撤步拾直捶

第十式：一劈一砸

身体保持原地不动，向右旋转，左、右手握拳从面前自左下对右上方云过去，砸到下方，双腿保持直立，身体向右倾，双眼目视右侧。（图 3-155）

图 3-155 一劈一砸

第十一式：进脚

上身动作保持不动，左腿提膝，左脚脚尖绷直对前踢。右腿单脚直立，

双眼目视前方。(图 3-156)

图 3-156 进脚

第十二式：原地拾直捶

身体原地保持不动，左脚自然落地，右腿膝盖微屈，左腿膝盖撑直整个脚扒住地面，左手握拳自下而上向前掤，右手握拳向后拉，身体直立，双眼目视前方。(图 3-157)

图 3-157 原地拾直捶

第十三式：上步拾直捶
动作与图 3-32 相同。
第十四式：上步拾直捶
动作与图 3-26 相同。
第十五式：单边势
身体向左旋转，气沉丹田，两手握拳合拢，由内向外一齐冲，身体直

立,双眼目视前方。(图 3-158)

图 3-158 单边势

第十六式：原地抬直捶

动作与图 3-18 相同。

第十七式：云捶

动作与图 3-41 相同。

第十八式：撤步恨脚

动作与图 3-20 相同。

第十九式：原地抬直捶

身体原地保持不动，向左旋转，左腿膝盖微屈，右腿膝盖撑直整个脚扒住地面，右手握拳自下而上向前捅，左手握拳向后拉，身体直立，双眼目视前方。(图 3-159)

图 3-159 原地抬直捶

第二十式：拜势
动作与图 3-21 相同。

第十六节　第十六路

第一式：原地拾直捶
身体原地保持不动，向左旋转，左腿膝盖微屈，右腿膝盖撑直整个脚扒住地面，右手握拳自下而上向前捅，左手握拳向后拉，身体直立，双眼目视前方。（图 3-160）

图 3-160　原地拾直捶

第二式：上步拾直捶
动作与图 3-26 相同。
第三式：上步拾直捶
动作与图 3-32 相同。
第四式：双开弓
身体原地不动，向右转身，双手握拳架起，转身对后双拳捅出去，身体直立，双眼目视前方。（图 3-161）

第三章 三十六路八卦拳动作图解

图 3-161 双开弓

第五式：撤步拾直捶

左脚向后撤步，成弓步，右腿膝盖微屈，左腿膝盖撑直整个脚扒住地面，左手握拳自下而上向前捅，右手握拳向后拉，身体直立，双眼目视前方。（图3-162）

图 3-162 撤步拾直捶

第六式：一劈一砸

身体保持原地不动，向左旋转，左、右手握拳从面前自左下对右上方云过去，砸到下方，双腿保持直立，身体向右倾，双眼目视右侧。（图3-163）

图 3-163　一劈一砸

第七式：打虎势

对左彻身，面向左前方，左腿提膝、脚背绷直、脚尖朝下，右腿膝盖撑直，左手握拳托起，右手握拳屈臂架起，身体单腿直立，双眼目视前方。（图 3-164）

图 3-164　打虎势

第八式：迸脚

上身动作保持不动，左腿提膝，左脚脚尖绷直对前踢。右腿单脚直立，双眼目视前方。（图 3-165）

第三章　三十六路八卦拳动作图解

图 3-165　进脚

第九式：原地拾直捶

动作与图 3-45 相同。

第十式：开双弓

身体原地不动，向右转身，双手握拳架起，转身对后双拳捅出去，身体直立，双眼目视前方。（图 3-166）

图 3-166　开双弓

第十一式：撤步拾直捶

右脚向后撤步，成弓步，左腿膝盖微屈，右腿膝盖撑直整个脚扒住地面，右手握拳自下而上向前捅，左手握拳向后拉，身体直立，双眼目视前方。（图 3-167）

图 3-167　撤步拾直捶

第十二式：一劈一砸

身体保持原地不动，左、右手握拳从面前自右上对左下方云过去，砸到下方，身体保持直立，身体向左倾，双眼目视左侧。（图 3-168）

图 3-168　一劈一砸

第十三式：迸脚

上身动作保持不动，左腿提膝，左脚脚尖绷直对前踢。右腿单脚直立，双眼目视前方。（图 3-169）

第三章 三十六路八卦拳动作图解

图 3-169 进脚

第十四式：健步

左脚尖点起，移至右脚前30厘米，右脚蹬起支撑，身体重心在右脚，左手握拳移至身体前侧，右手握拳移至身体后端，左右脚对前跳，身体直立，双眼目视前方。（图 3-170）

图 3-170 健步

第十五式：原地拾直捶
动作与图 3-8 相同。
第十六式：原地拾直捶
动作与图 3-18 相同。
第十七式：撤步拾直捶
右脚向后撤步，成弓步，左腿膝盖微屈，右腿膝盖撑直整个脚扒住地

面,右手握拳自下而上向前捅,左手握拳向后拉,身体直立,双眼目视前方。(图 3–171)

图 3–171 撤步拾直捶

第十八式:斜捶

身体向右旋转成弓步,右腿膝盖微屈,左腿膝盖撑直整个脚扒住地面,两拳在胸前交叉,右手握拳捅出去,移至面前,左手握拳向身体后侧拉,身体朝右,双眼目视右侧。(图 3–172)

图 3–172 斜捶

第十九式:原地拾直捶
动作与图 3–10 相同。
第二十式:上步拾直捶
动作与图 3–32 相同。

第三章　三十六路八卦拳动作图解

第二十一式：长捶

身体向右转身变脸，双手握拳抱在丹田，身体旋转到位后，双拳从胸前向两侧捅，双腿微屈，身体直立，双眼目视前方。（图3-173）

图3-173　长捶

第二十二式：原地拾直捶

身体原地保持不动，向左旋转，左腿膝盖微屈，右腿膝盖撑直整个脚扒住地面，右手握拳自下而上向前捅，左手握拳向后拉，身体直立，双眼目视前方。（图3-174）

图3-174　原地拾直捶

第二十三式：上步拾直捶

动作与图3-26相同。

第二十四式：上步拾直捶
动作与图 3-32 相同。
第二十五式：单边势
动作与图 3-28 相同。
第二十六式：原地拾直捶
动作与图 3-18 相同。
第二十七式：云捶
右手握拳，旋转半周从眼前移至丹田，左手自然移至丹田，形成云捶，身体微倾，双眼目视左侧。（图 3-175）

图 3-175　云捶

第二十八式：撤步恨脚
身体向左旋转，左脚对后拉，脚落地带劲。左脚脚尖点地，重心移至右脚，左手握拳自下而上移至面前，右手握拳对后拉，双眼紧跟左拳目视左侧。（图 3-176）
第二十九式：原地拾直捶
动作与图 3-8 相同。
第三十式：拜势
动作与图 3-21 相同。

第三章　三十六路八卦拳动作图解

图 3-176　撤步恨脚

第十七节　第十七路

第一式：穿连手

左腿提膝、脚背绷直、脚尖朝下，右腿单脚直立。左手握拳向前捅，移至面前，右手握拳收回腰间。身体直立，双眼目视前方。（图 3-177）

图 3-177　穿连手

第二式：原地拾直捶
动作与图 3-45 相同。

第三式：上步拾直捶
动作与图 3-26 相同。
第四式：霍捶
身体原地不动，右腿膝盖微屈，左腿膝盖撑直整个脚扒住地面，双手握拳两拳心朝下，两拳从腰间一齐捅出去。身体直立，双眼目视前方。（图 3-178）

图 3-178 霍捶

第五式：转身霍捶
身体原地不动，向左旋转，左腿膝盖微屈，右腿膝盖撑直整个脚扒住地面，双手握拳两拳心朝下，两拳从腰间一齐捅出去。身体直立，双眼目视前方。（图 3-179）

图 3-179 转身霍捶

第三章 三十六路八卦拳动作图解

第六式：金鸡独立

左腿提膝、脚背绷直、脚尖朝下，右腿单脚直立。右手握拳架起，左手握拳移至身体左侧30°，身体直立，双眼目视前方。（图3-180）

图3-180 金鸡独立

第七式：原地拾直捶

身体原地保持不动，左脚自然向后落地，右腿膝盖微屈，左腿膝盖撑直整个脚扒住地面，左手握拳自下而上向前捅，右手握拳向后拉，身体直立，双眼目视前方。（3-181）

图3-181 原地拾直捶

第八式：撤步拾直捶

右脚向后撤步，成弓步，左腿膝盖微屈，右腿膝盖撑直整个脚扒住地面，右手握拳自下而上向前捅，左手握拳向后拉，身体直立，双眼目视前

方。(图 3-182)

图 3-182 撤步拾直捶

第九式：原地拾直捶

动作与图 3-18 相同。

第十式：上步拾直捶

动作与图 3-32 相同。

第十一式：二踢

左腿收起提膝，右脚蹬地跳起，左手变掌击打右脚背，左腿自然下落同时右手变掌击打右脚背，身体腾空时腰腹挺直，双眼目视击打部位。(图 3-183)

图 3-183 二踢

第三章　三十六路八卦拳动作图解

第十二式：原地拾直捶

动作与图 3-10 相同。

第十三式：携捶

右腿膝盖微屈，左腿膝盖撑直整个脚扒住地面，两拳在胸前交叉，右手握拳捅出去，移至面前，左手握拳向身体后侧拉，身体朝右，双眼目视右侧。（图 3-184）

图 3-184　携捶

第十四式：原地拾直捶

身体原地保持不动，向左旋转，左腿膝盖微屈，右腿膝盖撑直整个脚扒住地面，右手握拳自下而上向前捅，左手握拳向后拉，身体直立，双眼目视前方。（图 3-185）

图 3-185　原地拾直捶

第十五式：上步拾直捶
动作与图 3-26 相同。

第十六式：单边势
身体向左旋转，气沉丹田，两手握拳合拢，由内向外一齐冲，身体直立，双眼目视前方。（图 3-186）

图 3-186　单边势

第十七式：原地拾直捶
身体原地保持不动，向左旋转，左腿膝盖微屈，右腿膝盖撑直整个脚扒住地面，右手握拳自下而上向前捅，左手握拳向后拉，身体直立，双眼目视前方。（图 3-187）

图 3-187　原地拾直捶

第三章 三十六路八卦拳动作图解

第十八式：云捶
右手握拳，旋转半周从眼前移至丹田，左手自然移至丹田，形成云捶，身体微倾，双眼目视左侧。（图 3-188）

图 3-188 云捶

第十九式：撤步恨脚
左脚对后拉，脚落地带劲。左脚脚尖点地，重心移至右脚，右手握拳自下而上移至面前，左手握拳对后拉，双眼紧跟左拳目视左侧。（图 3-189）

图 3-189 撤步恨脚

第二十式：原地拾直捶
动作与图 3-8 相同。

第二十一式：拜势
动作与图 3-21 相同。

第十八节　第十八路

第一式：长捶
身体向左转身变脸，双手握拳抱在丹田，身体旋转到位后，双拳从胸前向两侧捅，双腿微屈，身体直立，双眼目视前方。（图 3-190）

图 3-190　长捶

第二式：原地拾直捶
动作与图 3-18 相同。
第三式：上步拾直捶
动作与图 3-32 相同。
第四式：黑虎冲心
身体原地保持不动，向右旋转，右腿膝盖微屈，左腿膝盖撑直整个脚扒住地面，右手握拳从腰间捅出去，左手握拳移至腰间，身体直立，双眼目视前方。（图 3-191）

第三章 三十六路八卦拳动作图解

图 3-191 黑虎冲心

第五式：撤步抬直捶

右脚向后撤步，成弓步，左腿膝盖微屈，右腿膝盖撑直整个脚扒住地面，右手握拳自下而上向前捅，左手握拳向后拉，身体直立，双眼目视前方。（图 3-192）

图 3-192 撤步抬直捶

第六式：长捶

身体向右转身变脸，双手握拳抱在丹田，身体旋转到位后，双拳从胸前向两侧捅，双腿微屈，身体直立，双眼目视前方。（图 3-193）

图 3-193 长捶

第七式：原地拾直捶
动作与图 3-18 相同。
第八式：上步拾直捶
动作与图 3-32 相同。
第九式：猛虎登山
单脚起跳，身体腾空时左手握拳移至丹田，右手握拳移至身体后侧，空中两脚对前蹬，双眼目视前方。（图 3-194）

图 3-194 猛虎登山

第十式：原地拾直捶
双脚自然落地，左腿膝盖微屈，右腿膝盖撑直整个脚扒住地面，右手握拳自下而上向前捅，左手握拳向后拉，身体直立，双眼目视前方。（图

第三章 三十六路八卦拳动作图解

3-195）

图 3-195 原地拾直捶

第十一式：携捶

右脚向前迈步成弓步，右腿膝盖微屈，左腿膝盖撑直整个脚扒住地面，两拳在胸前交叉，向后折劲，身体朝右，双眼目视右侧。（图 3-196）

图 3-196 携捶

第十二式：原地拾直捶

身体原地保持不动，向左旋转，左腿膝盖微屈，右腿膝盖撑直整个脚扒住地面，右手握拳自下而上向前捅，左手握拳向后拉，身体直立，双眼目视前方。（图 3-197）

图 3-197　原地抬直捶

第十三式：上步抬直捶
动作与图 3-26 相同。
第十四式：上步抬直捶
动作与图 3-32 相同。
第十五式：单边式
动作与图 3-28 相同。
第十六式：原地抬直捶

身体原地保持不动，向左旋转，左腿膝盖微屈，右腿膝盖撑直整个脚扒住地面，右手握拳自下而上向前捅，左手握拳向后拉，身体直立，双眼目视前方。（图 3-198）

图 3-198　原地抬直捶

第三章　三十六路八卦拳动作图解

第十七式：云捶

右手握拳，旋转半周从眼前移至丹田，左手自然移至身体后侧，形成云捶，身体微倾，双眼目视左侧。（图 3-199）

图 3-199　云捶

第十八式：撤步恨脚

左脚对后拉，脚落地带劲。左脚脚尖点地，重心移至右脚，右手握拳自下而上移至面前，左手握拳对后拉，双眼紧跟左拳目视左侧。（图 3-200）

图 3-200　撤步恨脚

第十九式：撤步抬直捶

左脚向后撤步，成弓步，右腿膝盖微屈，左腿膝盖撑直整个脚扒住地面，左手握拳自下而上向前捅，右手握拳向后拉，身体直立，双眼目视前方。（图 3-201）

图 3-201 撤步抬直捶

第二十式：拜势
动作与图 3-21 相同。

第十九节　第十九路

第一式：短捶
原地不动，左脚提膝、脚背绷直、脚尖朝下，右腿直立，左手握拳捅出，右手握拳移至腰间，身体直立，双眼目视前方。（图 3-202）

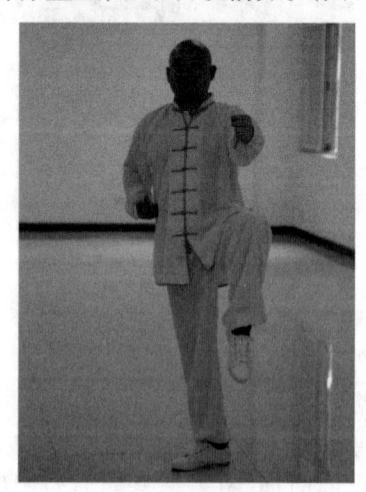

图 3-202 短捶

第三章 三十六路八卦拳动作图解

第二式：长捶

身体向左转身变脸，左脚自然落地，双手握拳抱在丹田，身体旋转到位后，双拳从胸前向两侧捅，双腿微屈，身体直立，双眼目视前方。（图3-203）

图 3-203 长捶

第三式：原地拾直捶

动作与图 3-18 相同。

第四式：上步拾直捶

动作与图 3-32 相同。

第五式：原地小架

身体原地保持不动，右腿膝盖弯曲，双手握拳移至腰间，双眼目视前方。（图 3-204）

图 3-204 原地小架

第六式：猴子登山

单脚起跳，身体腾空时两脚前蹬，腾空时双手自然摆动，双眼目视前方。（图 3-205）

图 3-205　猴子登山

第七式：原地拾直捶

身体原地保持不动，向左旋转，左腿膝盖微屈，右腿膝盖撑直整个脚扒住地面，右手握拳自下而上向前捅，左手握拳向后拉，身体直立，双眼目视前方。（图 3-206）

图 3-206　原地拾直捶

第八式：拧身拾直捶

身体原地保持不动，向左旋转，左腿膝盖微屈，右腿膝盖撑直整个脚扒住地面，右手握拳自下而上向前捅，左手握拳向后拉，身体直立，双眼目

第三章　三十六路八卦拳动作图解

视前方。(图 3-207)

图 3-207　拧身拾直捶

第九式：双开弓

身体原地不动，向右转身，双手握拳架起，原地左脚提起，转身对后双拳捅出去，双捶相对，身体直立，双眼目视前方。(图 3-208)

图 3-208　双开弓

第十式：撤步拾直捶

左脚向后撤步，成弓步，右腿膝盖微屈，左腿膝盖撑直整个脚扒住地面，左手握拳自下而上向前捅，右手握拳向后拉，身体直立，双眼目视前方。(图 3-209)

图 3-209 撤步抬直捶

第十一式：撤步抬直捶

右脚向后撤步，成弓步，左腿膝盖微屈，右腿膝盖撑直整个脚扒住地面，右手握拳自下而上向前捅，左手握拳向后拉，身体直立，双眼目视前方。（图 3-210）

图 3-210 撤步抬直捶

第十二式：原地抬直捶
动作与图 3-18 相同。
第十三式：上步抬直捶
动作与图 3-32 相同。
第十四式：单边式
动作与图 3-28 相同。

第三章　三十六路八卦拳动作图解

第十五式：原地拾直捶
动作与图 3-18 相同。

第十六式：云捶
动作与图 3-41 相同。

第十七式：撤步恨脚
身体向左旋转，左脚对后拉，脚落地带劲。左脚脚尖点地，重心移至右脚，右手握拳自下而上移至面前，左手握拳对后拉，双眼紧跟左拳目视左侧。（图 3-211）

图 3-211　撤步恨脚

第十八式：原地拾直捶
动作与图 3-8 相同。

第十九式：拜势
动作与图 3-21 相同。

第二十节　第二十路

第一式：原地拾直捶
身体原地保持不动，向左旋转，左腿膝盖微屈，右腿膝盖撑直整个脚扒住地面，右手握拳自下而上向前捅，左手握拳向后拉，身体直立，双眼目视前方。（图 3-212）

图 3-212　原地拾直捶

第二式：上步拾直捶
动作与图 3-26 相同。
第三式：双捶
原地不动，两手握拳移至两斜肋，双拳从腰间向面前捅出去，右腿膝盖微屈，左腿膝盖撑直整个脚扒住地面，身体直立，双眼目视前方。（图 3-213）

图 3-213　双捶

第四式：上步双捶
左脚向前上步，两手握拳移至两斜肋，双拳从腰间向面前捅出去，左腿膝盖微屈，右腿膝盖撑直整个脚扒住地面，身体直立，双眼目视前方。（图 3-214）

第三章 三十六路八卦拳动作图解

图 3-214 上步双捶

第五式：上步长捶

身体向右转身变脸，双手握拳抱在丹田，身体旋转到位后，双拳从胸前向两侧捅，双腿微屈，身体直立，双眼目视前方。（图 3-215）

图 3-215 上步长捶

第六式：原地拾直捶

动作与图 3-18 相同。

第七式：撤步拾直捶

右脚向后撤步，成弓步，左腿膝盖微屈，右腿膝盖撑直整个脚扒住地面，右手握拳自下而上向前捅，左手握拳向后拉，身体直立，双眼目视前方。（图 3-216）

图 3-216　撤步拾直捶

第八式：一劈一砸

身体保持原地不动，左、右手握拳从面前自左下对右上方云过去，砸到下方，双腿保持直立，身体向右倾，双眼目视右侧。（图 3-217）

图 3-217　一劈一砸

第九式：进脚

上身动作保持不动，身体向右转身，左腿提膝，左脚脚尖绷直对前踢。右腿单脚直立，双眼目视前方。（图 3-218）

第三章 三十六路八卦拳动作图解

图 3-218 进脚

第十式：原地拾直捶

身体原地保持不动，左脚自然向前下落，左腿膝盖微屈，右腿膝盖撑直整个脚扒住地面，右手握拳自下而上向前捅，左手握拳向后拉，身体直立，双眼目视前方。（图 3-219）

图 3-219 原地拾直捶

第十一式：原地拾直捶
动作与图 3-8 相同。

第十二式：单边式
左脚向后撤，气沉丹田，两手握拳合拢，由内向外一齐冲，身体直立，双眼目视前方。（图 3-220）

图 3-220　单边式

第十三式：原地拾直捶

动作与图 3-18 相同。

第十四式：云捶

右手握拳，旋转半周从眼前移至丹田，左手握拳自然移至身体后侧，形成云捶，身体微倾，双眼目视左侧。（图 3-221）

图 3-221　云捶

第十五式：撤步恨脚

左脚对后拉，脚落地带劲。左脚脚尖点地，重心移至右脚，右手握拳自下而上移至面前，左手握拳对后拉，双眼紧跟左拳目视左侧。（图 3-222）

第三章 三十六路八卦拳动作图解

图 3-222 撤步恨脚

第十六式：撤步拾直捶

身体原地保持不动，向左旋转转身，左腿膝盖微屈，右腿膝盖撑直整个脚扒住地面，右手握拳自下而上向前捅，左手握拳向后拉，身体直立，双眼目视前方。（图 3-223）

图 3-223 撤步拾直捶

第十七式：拜势
动作与图 3-21 相同。

第二十一节　第二十一路

第一式：斜摘音

身体向左旋转，左脚上步，左腿膝盖微屈，右腿膝盖撑直整个脚扒住地面，右手握拳从胸前对斜下方捅出去，左手握拳向后拉，身体前倾，双眼目视前方。（图 3-224）

图 3-224　斜摘音

第二式：斜捶

左腿膝盖微屈，右腿膝盖撑直整个脚扒住地面，两拳在胸前交叉，右手握拳捅出去，移至面前，左手握拳向身体后侧拉，身体朝右，双眼目视右侧。（图 3-225）

第三式：原地拾直捶

动作与图 3-8 相同。

第四式：金鸡独立

左腿提膝、脚背绷直、脚尖朝下，右腿单脚直立。右手握拳架起，左手握拳移至身体左侧 30°，身体直立，双眼目视前方。（图 3-226）

第三章 三十六路八卦拳动作图解

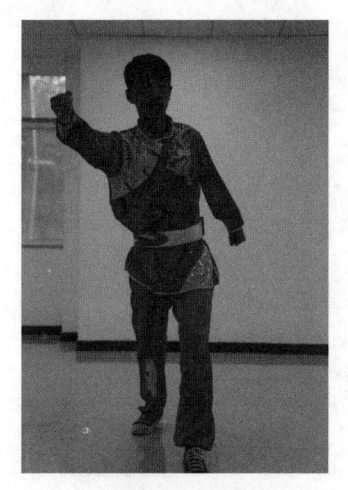

图 3-225 斜捶

图 3-226 金鸡独立

第五式：原地拾直捶

动作与图 3-45 相同。

第六式：猴子登山

单脚起跳，身体腾空时两脚前蹬，腾空时双手自然摆动，双眼目视前方。（图 3-227）

图 3-227　猴子登山

第七式：原地直通捶

身体原地保持不动,向右旋转,右腿膝盖微屈,左腿膝盖撑直整个脚扒住地面,右手握拳自下而上向前捅,左手握拳向后拉,身体直立,双眼目视前方。(图 3-228)

图 3-228　原地直通捶

第八式：原地拾直捶

动作与图 3-10 相同。

第九式：撤步拾直捶

右脚向后撤步,成弓步,左腿膝盖微屈,右腿膝盖撑直整个脚扒住地面,右手握拳自下而上向前捅,左手握拳向后拉,身体直立,双眼目视前方。(图 3-229)

第三章 三十六路八卦拳动作图解

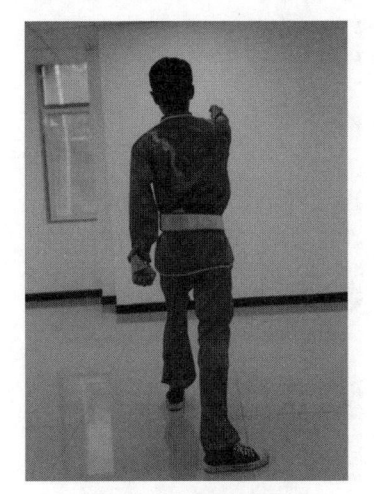

图 3-229 撤步拾直捶

第十式：斜捶

身体向右旋转，右腿膝盖微屈，左腿膝盖撑直整个脚扒住地面，两拳在胸前交叉，右手握拳捅出去，移至面前，左手握拳向身体后侧拉，身体朝右，双眼目视右侧。（图 3-230）

图 3-230 斜捶

第十一式：上步拾直捶
动作与图 3-32 相同。
第十二式：二仙盘道
两手握拳架起一转一托，身体直立向左旋转，右腿弯曲半跪步，左腿盘在右腿上，双眼目视前方。（图 3-231）

图 3-231 二仙盘道

第十三式：原地拾直捶

身体原地保持不动，起身后，左腿膝盖微屈，右腿膝盖撑直整个脚扒住地面，右手握拳自下而上向前捅，左手握拳向后拉，身体直立，双眼目视前方。（图 3-232）

图 3-232 原地拾直捶

第十四式：上步拾直捶
动作与图 3-26 相同。
第十五式：上步拾直捶
动作与图 3-32 相同。
第十六式：单边势
动作与图 3-28 相同。

第三章 三十六路八卦拳动作图解

第十七式：原地拾直捶

身体原地保持不动，向左旋转，左腿膝盖微屈，右腿膝盖撑直整个脚扒住地面，右手握拳自下而上向前捅，左手握拳向后拉，身体直立，双眼目视前方。（图3-233）

图3-233 原地拾直捶

第十八式：云捶

右手握拳，旋转半周从眼前移至丹田，左手自然移至身体后侧，形成云捶，身体微倾，双眼目视前方。（图3-234）

图3-234 云捶

第十九式：撤步恨脚

左脚对后拉，脚落地带劲。左脚脚尖点地，重心移至右脚，右手握拳自下而上移至面前，左手握拳对后拉，双眼紧跟左拳目视左侧。（图3-235）

图 3-235　撤步恨脚

第二十式：原地拾直捶
动作与图 3-8 相同。
第二十一式：拜势
动作与图 3-21 相同。

第二十二节　第二十二路

第一式：原地拾直捶
身体原地保持不动，向左旋转，左腿膝盖微屈，右腿膝盖撑直整个脚扒住地面，右手握拳自下而上向前捅，左手握拳向后拉，身体直立，双眼目视前方。（图 3-236）
第二式：上步拾直捶
动作与图 3-26 相同。
第三式：上步拾直捶
动作与图 3-32 相同。
第四式：霍捶
身体向右转，右腿膝盖微屈，左腿膝盖撑直整个脚扒住地面，双手握拳两拳心朝下，两拳从腰间一齐捅出去。身体直立，双眼目视前方。（图 3-237）

第三章 三十六路八卦拳动作图解

图 3-236 原地拾直捶

图 3-237 霍捶

第五式：撤步拾直捶

右脚向后撤步，成弓步，左腿膝盖微屈，右腿膝盖撑直整个脚扒住地面，右手握拳自下而上向前捅，左手握拳向后拉，身体直立，双眼目视前方。（图 3-238）

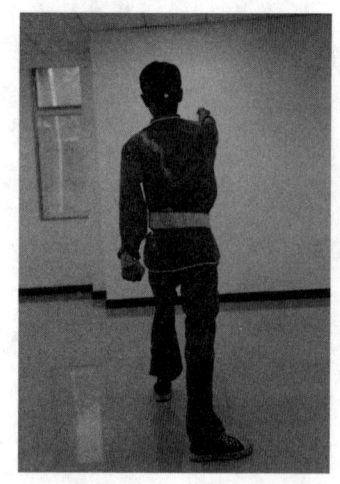

图 3-238 撤步拾直捶

第六式：斜捶

左脚向后撤步，右腿膝盖微屈，左腿膝盖撑直整个脚扒住地面，两拳在胸前交叉，右手握拳捅出去，移至面前，左手握拳向身体后侧拉，身体朝右，双眼目视右侧。（图 3-239）

图 3-239 斜捶

第七式：原地拾直捶
动作与图 3-10 相同。
第八式：上步拾直捶
动作与图 3-32 相同。
第九式：上步拾直捶
动作与图 3-26 相同。

第三章 三十六路八卦拳动作图解

第十式：卷风脚

左腿提膝、脚背绷直、脚尖朝下，右腿蹬地弹起，左手击打右脚，身体直立，双眼目视前方。（图 3-240）

图 3-240 卷风脚

第十一式：原地抬直捶

身体原地保持不动，双脚自然落地，右腿膝盖微屈，左腿膝盖撑直整个脚扒住地面，左手握拳自下而上向前捅，右手握拳向后拉，身体直立，双眼目视前方。（图 3-241）

图 3-241 原地抬直捶

第十二式：上步抬直捶

动作与图 3-32 相同。

第十三式：原地抬直捶

动作与图 3-18 相同。

第十四式：撤步拾直捶

右脚向后撤步，成弓步，左腿膝盖微屈，右腿膝盖撑直整个脚扒住地面，右手握拳自下而上向前捅，左手握拳向后拉，身体直立，双眼目视前方。（图 3-242）

图 3-242　撤步拾直捶

第十五式：老虎大张口

身体向左旋转，左腿膝盖微屈，右腿膝盖撑直整个脚扒住地面，双手握拳从身体两侧对里砸拳，两肩托平，身体直立，双眼目视前方。（图 3-243）

图 3-243　老虎大张口

第十六式：上步进脚拾直捶

右脚向前上步，左腿提膝、脚背绷直、脚尖朝下，左手击打左脚，左脚自

第三章 三十六路八卦拳动作图解

然落地,成弓步,左腿膝盖微屈,右腿膝盖撑直整个脚扒住地面,右手握拳自下而上向前捅,左手握拳向后拉,身体直立,双眼目视前方。(图3-244)

图 3-244 上步进脚拾直捶

第十七式:上步拾直捶

动作与图 3-26 相同。

第十八式:上步拾直捶

动作与图 3-32 相同。

第十九式:单边势

身体向左旋转,气沉丹田,两手握拳合拢,由内向外一齐冲,身体直立,双眼目视前方。(图3-245)

图 3-245 单边势

第二十式：原地拾直捶
动作与图 3-18 相同。

第二十一式：云捶
右手握拳，旋转半周从眼前移至丹田，左手自然移至身体后侧，形成云捶，身体微倾，双眼目视左侧。（图 3-246）

图 3-246　云捶

第二十二式：撤步恨脚
左脚对后拉，脚落地带劲。左脚脚尖点地，重心移至右脚，右手握拳自下而上移至面前，左手握拳对后拉，双眼紧跟左拳目视左侧。（图 3-247）

图 3-247　撤步恨脚

第二十三式：撤步拾直捶
左脚向后撤步，成弓步，身体旋转，左腿膝盖微屈，右腿膝盖撑直整个脚扒住地面，右手握拳自下而上向前捅，左手握拳向后拉，身体直立，双眼

第三章 三十六路八卦拳动作图解

目视前方。(图3-248)

图3-248 撤步抬直捶

第二十四式：拜势
动作与图3-21相同。

第二十三节 第二十三路

第一式：原地抬直捶
动作与图3-8相同。
第二式：上步长捶
右脚向前上步，转身变脸，双手握拳抱在丹田，身体旋转到位后，双拳从胸前向两侧捅，双腿微屈，身体直立，双眼目视前方。(图3-249)

图3-249 上步长捶

第三式：霍捶

身体向左转身，左腿膝盖微屈，右腿膝盖撑直整个脚扒住地面，双手握拳两拳心朝下，两拳从腰间一齐捅出去。身体直立，双眼目视前方。（图3-250）

图 3-250　霍捶

第四式：撤步拾直捶

左脚向后撤步，成弓步，右腿膝盖微屈，左腿膝盖撑直整个脚扒住地面，左手握拳自下而上向前捅，右手握拳向后拉，身体直立，双眼目视前方。（图 3-251）

图 3-251　撤步拾直捶

第五式：长捶

身体向左转身变脸，双手握拳抱在丹田，身体旋转到位后，双拳从胸

第三章 三十六路八卦拳动作图解

前向两侧捅,双腿微屈,身体直立,双眼目视前方。(图 3-252)

图 3-252 长捶

第六式:原地抬直捶

身体原地保持不动,向左旋转,左腿膝盖微屈,右腿膝盖撑直整个脚扒住地面,右手握拳自下而上向前捅,左手握拳向后拉,身体直立,双眼目视前方。(图 3-253)

图 3-253 原地抬直捶

第七式:上步抬直捶

动作与图 3-26 相同。

第八式:五记捶

身体向左旋转,双手握拳拳心朝上移至腰间,双臂夹紧,从腰间向前捅,左腿膝盖微屈,右腿膝盖撑直整个脚扒住地面,身体直立,双眼目视前

方。(图 3-254)

图 3-254　五记捶

第九式：撤步拾直捶

左脚向后撤步，成弓步，右腿膝盖微屈，左腿膝盖撑直整个脚扒住地面，左手握拳自下而上向前捅，右手握拳向后拉，身体直立，双眼目视前方。(图 3-255)

图 3-255　撤步拾直捶

第十式：撤步拾直捶

右脚向后撤步，成弓步，左腿膝盖微屈，右腿膝盖撑直整个脚扒住地面，右手握拳自下而上向前捅，左手握拳向后拉，身体直立，双眼目视前方。(图 3-256)

第三章 三十六路八卦拳动作图解

图 3-256 撤步抬直捶

第十一式：一劈

身体向右转，右手握拳从脸上方砸落在右方，双眼紧跟手捶，右腿膝盖微屈，左腿膝盖撑直整个脚扒住地面，身体直立，双眼目视前方。（图3-257）

图 3-257 一劈

第十二式：一砸

身体保持不动，左手握拳从脸上方砸落在右方，双腿保持直立，身体向右倾，双眼目视右侧。（图3-258）

图 3-258 一砸

第十三式：进脚
上身动作保持不动，身体向右转身，左腿提膝，左脚脚尖绷直对前踢。右腿单脚直立，双眼目视前方。（图 3-259）

图 3-259 进脚

第十四式：原地拾直捶
左脚自然落地，左腿膝盖微屈，右腿膝盖撑直整个脚扒住地面，右手握拳自下而上向前捅，左手握拳向后拉，身体直立，双眼目视前方。（图 3-260）

第三章　三十六路八卦拳动作图解

图 3-260　原地抬直捶

第十五式：上步抬直捶
动作与图 3-26 相同。
第十六式：上步抬直捶
动作与图 3-32 相同。
第十七式：单边势
动作与图 3-28 相同。
第十八式：原地抬直捶

身体原地保持不动，向左旋转，左腿膝盖微屈，右腿膝盖撑直整个脚扒住地面，右手握拳自下而上向前捅，左手握拳向后拉，身体直立，双眼目视前方。（图 3-261）

图 3-261　原地抬直捶

第十九式：云捶

右脚向前上步，右手握拳，旋转半周从眼前移至丹田，左手自然移至丹田，形成云捶，身体微倾，双眼目视右侧。（图3-262）

图3-262 云捶

第二十式：撤步恨脚

左脚向前上步，左脚对后拉，脚落地带劲。左脚脚尖点地，重心移至右脚，右手握拳自下而上移至面前，左手握拳对后拉，双眼紧跟右拳目视前方。（图3-263）

图3-263 撤步恨脚

第三章 三十六路八卦拳动作图解

第二十一式：原地抬直捶
动作与图3-8相同。
第二十二式：拜势
动作与图3-21相同。

第二十四节 第二十四路

第一式：原地抬直捶
身体原地保持不动，向左旋转，左腿膝盖微屈，右腿膝盖撑直整个脚扒住地面，右手握拳自下而上向前捅，左手握拳向后拉，身体直立，双眼目视前方。（图3-264）

图3-264 原地抬直捶

第二式：上步霍捶
右脚先前上步，右腿膝盖微屈，左腿膝盖撑直整个脚扒住地面，双手握拳两拳心朝下，两拳从腰间一齐捅出去。身体直立，双眼目视前方。（图3-265）

图 3-265 上步霍捶

第三式：上步霍捶

左脚先前上步，左腿膝盖微屈，右腿膝盖撑直整个脚扒住地面，双手握拳两拳心朝下，两拳从腰间一齐捅出去。身体直立，双眼目视前方。（图 3-266）

图 3-266 上步霍捶

第四式：原地拾直捶

动作与图 3-8 相同。

第五式：健步

左脚尖点起，移至右脚前 30 厘米，右脚蹬起支撑，身体重心在右脚，左手握拳移至身体前侧，右手握拳移至身体后端，左右脚对前跳，身体直立，双眼目视前方。（图 3-267）

第三章 三十六路八卦拳动作图解

图 3-267 健步

第六式：原地拾直捶

动作与图 3-45 相同。

第七式：霍捶

身体向后旋转，右腿膝盖微屈，左腿膝盖撑直整个脚扒住地面，双手握拳两拳心朝下，两拳从腰间一齐捅出去。身体直立，双眼目视前方。（图 3-268）

图 3-268 霍捶

第八式：撤步拾直捶

右脚向后撤步，成弓步，左腿膝盖微屈，右腿膝盖撑直整个脚扒住地面，右手握拳自下而上向前捅，左手握拳向后拉，身体直立，双眼目视前方。（图 3-269）

图 3-269　撤步拾直捶

第九式：霍捶

身体向后旋转，右腿膝盖微屈，左腿膝盖撑直整个脚扒住地面，双手握拳两拳心朝下，两拳从腰间一齐捅出去。身体直立，双眼目视前方。（图3-270）

图 3-270　霍捶

第十式：原地拾直捶
动作与图 3-10 相同。
第十一式：上步拾直捶
动作与图 3-32 相同。
第十二式：单边势
动作与图 3-28 相同。

第三章 三十六路八卦拳动作图解

第十三式：原地拾直捶
动作与图 3-18 相同。
第十四式：云捶
动作与图 3-41 相同。
第十五式：撤步恨脚
左脚向前上步，右脚对后拉，脚落地带劲。左脚脚尖点地，重心移至右脚，右手握拳自下而上移至面前，左手握拳对后拉，双眼紧跟右拳目视前方。（图 3-271）

图 3-271 撤步恨脚

第十六式：原地拾直捶
动作与图 3-8 相同。
第十七式：拜势
动作与图 3-21 相同。

第二十五节　第二十五路

第一式：原地拾直捶
身体原地保持不动，向左旋转，左腿膝盖微屈，右腿膝盖撑直整个脚扒住地面，右手握拳自下而上向前捅，左手握拳向后拉，身体直立，双眼目视前方。（图 3-272）

图 3-272　原地拾直捶

第二式：云捶
动作与图 3-41 相同。
第三式：长捶
身体向左转身变脸，双手握拳抱在丹田，身体旋转到位后，双拳从胸前向两侧捅，双腿微屈，身体直立，双眼目视前方。（图 3-273）

图 3-273　长捶

第四式：原地拾直捶
动作与图 3-18 相同。
第五式：上步拾直捶
动作与图 3-32 相同。
第六式：霍捶

第三章 三十六路八卦拳动作图解

身体向右旋转,右腿膝盖微屈,左腿膝盖撑直整个脚扒住地面,双手握拳两拳心朝下,两拳从腰间一齐捅出去。身体直立,双眼目视前方。(图3-274)

图 3-274 霍捶

第七式:原地抬直捶
动作与图 3-10 相同。
第八式:撤步抬直捶
右脚向后撤步,成弓步,左腿膝盖微屈,右腿膝盖撑直整个脚扒住地面,右手握拳自下而上向前捅,左手握拳向后拉,身体直立,双眼目视前方。(图 3-275)

图 3-275 撤步抬直捶

第九式：一劈

身体向右转，右手握拳从脸上方砸落在右方，双眼紧跟手捶，右腿膝盖微屈，左腿膝盖撑直整个脚扒住地面，身体直立，双眼目视前方。（图3-276）

图 3-276　一劈

第十式：一砸

身体保持不动，左手握拳从脸上方砸落在右方，双腿保持直立，身体向右倾，双眼目视右侧。（图 3-277）

图 3-277　一砸

第十一式：冲天炮
左脚向前上步，双腿屈膝半蹲，右手握拳架起，左手握拳向后拉，身体半弓，双眼目视前方。（图3-278）

图3-278 冲天炮

第十二式：原地拾直捶
动作与图3-8相同。
第十三式：上步拾直捶
动作与图3-26相同。
第十四式：上步拾直捶
动作与图3-32相同。
第十五式：单边式
动作与图3-28相同。
第十六式：原地拾直捶
动作与图3-18相同。
第十七式：云捶
动作与图3-41相同。
第十八式：撤步恨脚
右脚对后拉，脚落地带劲。右脚脚尖点地，重心移至左脚，左手握拳自下而上移至面前，右手握拳对后拉，双眼紧跟左拳目视前方。（图3-279）

图 3-279 撤步恨脚

第十九式：上步拾直捶
动作与图 3-32 相同。
第二十式：拜势
动作与图 3-21 相同。

第二十六节　第二十六路

第一式：上步长捶
　　右脚向前上步，右脚自然落地，双手握拳抱在丹田，身体旋转到位后，双拳从胸前向两侧捅，双腿微屈，身体直立，双眼目视前方。（图 3-280）

图 3-280　上步长捶

第三章　三十六路八卦拳动作图解

第二式：原地拾直捶

动作与图 3-18 相同。

第三式：上步拾直捶

动作与图 3-32 相同。

第四式：扫腿

身体下压前倾，双手紧挨左脚触地，右脚从后对前扫，身体重心移至左脚，扫腿时呈扇形状。（图 3-281）

图 3-281　扫腿

第五式：原地拾直捶

动作与图 3-10 相同。

第六式：上步拾直捶

动作与图 3-32 相同。

第七式：滚身

身子旋起，右腿蹬，左脚旋在空中，右脚紧跟旋起，左脚落前，右脚落后。（图 3-282）

图 3-282　滚身

第八式：霸王对上弓
两脚腾空跳起，对前跳，双手握拳抱在胸前，落地时捅出去，右腿膝盖微屈，左腿膝盖撑直整个脚扒住地面，身体直立，双眼目视前方。（图3-283）

图 3-283　霸王对上弓

第九式：长捶
身体向左转身变脸，双手握拳抱在丹田，身体旋转到位后，双拳从胸前向两侧捅，双腿微屈，身体直立，双眼目视前方。（图3-284）

图 3-284　长捶

第十式：上步拾直捶
动作与图3-32相同。

第十一式：长捶
左脚向后撤步，左脚自然落地，双手握拳抱在丹田，身体旋转到位后，

第三章　三十六路八卦拳动作图解

双拳从胸前向两侧捅，双腿微屈，身体直立，双眼目视前方。（图 3-285）

图 3-285　长捶

第十二式：原地抬直捶
动作与图 3-18 相同。
第十三式：上步抬直捶
动作与图 3-32 相同。
第十四式：单边式
动作与图 3-28 相同。
第十五式：抬直捶

右脚转脚，左脚向后上步，左腿膝盖微屈，右腿膝盖撑直整个脚扒住地面，右手握拳自下而上向前捅，左手握拳向后拉，身体直立，双眼目视前方。（图 3-286）

图 3-286　抬直捶

第十六式：云捶

右手握拳，旋转半周从眼前移至丹田，左手自然移至丹田，形成云捶，身体微倾，双眼目视左侧。（图3-287）

图3-287 云捶

第十七式：撤步恨脚

身体向左旋转，左脚对后拉，脚落地带劲。左脚脚尖点地，重心移至右脚，右手握拳自下而上移至面前，左手握拳对后拉，双眼紧跟右拳目视前方。（图3-288）

图3-288 撤步恨脚

第十八式：原地拾直捶

动作与图3-8相同。

第十九式：拜势

动作与图3-21相同。

第二十七节　第二十七路

第一式：原地拾直捶

身体原地保持不动，向左旋转，左腿膝盖微屈，右腿膝盖撑直整个脚扒住地面，右手握拳自下而上向前捅，左手握拳向后拉，身体直立，双眼目视前方。（图3-289）

图3-289　原地拾直捶

第二式：上步梭捶

右脚向前上步，右手握拳对上架起，左手握拳向身体后侧拉，右腿半弓，左腿半弓，双眼目视前方。（图3-290）

图3-290　上步梭捶

第三式：原地拾直捶
动作与图 3-10 相同。
第四式：上步拾直捶
动作与图 3-32 相同。
第五式：上步梭捶
右脚向前上步，右手握拳对上架起，左手握拳向身体后侧拉，右腿半弓，左腿半弓，双眼目视前方。（图 3-291）

图 3-291 上步梭捶

第六式：原地拾直捶
动作与图 3-10 相同。
第七式：上步拾直捶
动作与图 3-32 相同。
第八式：长捶
身体向右转身变脸，双手握拳抱在丹田，身体旋转到位后，双拳从胸前向两侧捅，双腿微屈，身体直立，双眼目视前方。（图 3-292）

第九式：原地拾直捶
动作与图 3-18 相同。
第十式：撤步拾直捶
右脚向后撤步，成弓步，左腿膝盖微屈，右腿膝盖撑直整个脚扒住地面，右手握拳自下而上向前捅，左手握拳向后拉，身体直立，双眼目视前方。（图 3-293）

第三章 三十六路八卦拳动作图解

图 3-292 长捶

图 3-293 撤步拾直捶

第十一式：霍捶

身体向右转身，右腿膝盖微屈，左腿膝盖撑直整个脚扒住地面，双手握拳两拳心朝下，两拳从腰间一齐捅出去。身体直立，双眼目视前方。(图 3-294)

图 3-294 霍捶

第十二式：上步拾直捶
动作与图 3-32 相同。
第十三式：上步拾直捶
动作与图 3-26 相同。
第十四式：上步拾直捶
动作与图 3-32 相同。
第十五式：单边式
动作与图 3-28 相同。
第十六式：原地拾直捶

身体原地保持不动，向左旋转，左腿膝盖微屈，右腿膝盖撑直整个脚扒住地面，右手握拳自下而上向前捅，左手握拳向后拉，身体直立，双眼目视前方。（图 3-295）

图 3-295 原地拾直捶

第十七式：云捶
动作与图 3-41 相同。
第十八式：撤步恨脚
身体向左旋转，左脚对后拉，脚落地带劲。左脚脚尖点地，重心移至右脚，右手握拳自下而上移至面前，左手握拳对后拉，双眼紧跟右拳目视前方。（图 3-296）

图 3-296　撤步恨脚

第十九式：原地抬直捶
动作与图 3-8 相同。
第二十式：拜势
动作与图 3-21 相同。

第二十八节　第二十八路

第一式：原地抬直捶
身体原地保持不动，向左旋转，左腿膝盖微屈，右腿膝盖撑直整个脚扒住地面，右手握拳自下而上向前捅，左手握拳向后拉，身体直立，双眼目视前方。（图 3-297）

图 3-297 原地拾直捶

第二式：上步两个债元捶

双手握拳拳心朝外，移至腰间，两捶平衡，两捶齐出，右脚向前上步，双手握拳拳心朝外，两捶平衡，两捶齐出，身体直立，双眼目视前方。（图 3-298）

图 3-298 上步两个债元捶

第三式：原地拾直捶
动作与图 3-10 相同。
第四式：上步拾直捶
动作与图 3-32 相同。
第五式：扫腿
身体下压前倾，双手紧挨左脚触地，右脚从后对前扫，身体重心移至

左脚,扫腿时呈扇形状。(图 3-299)

图 3-299 扫腿

第六式: 左开弓

身体向左转身,左腿提膝、脚背绷直、脚尖朝下。左手握拳收回腰间移至面前,右手握拳移至腰间托在斜肋,右腿单腿支撑,身体直立,双眼目视前方。(图 3-300)

图 3-300 左开弓

第七式: 右开弓

身体原地不动,右腿提膝、脚背绷直、脚尖朝下。右手握拳从腰间捅出去,左手握拳移至腰间托在斜肋,左腿单腿支撑,身体直立,双眼目视前方。(图 3-301)

图 3-301　右开弓

第八式：原地拾直捶

身体原地保持不动，右腿自然落地，右腿膝盖微屈，左腿膝盖撑直整个脚扒住地面，左手握拳自下而上向前捅，右手握拳向后拉，身体直立，双眼目视前方。（图 3-302）

图 3-302　原地拾直捶

第九式：撤步拾直捶

右脚向后撤步，成弓步，左腿膝盖微屈，右腿膝盖撑直整个脚扒住地面，右手握拳自下而上向前捅，左手握拳向后拉，身体直立，双眼目视前方。（图 3-303）

第三章 三十六路八卦拳动作图解

图 3-303 撤步抬直捶

第十式：五记捶

动作与图 3-35 相同。

第十一式：撤步抬直捶

右脚向后撤步，成弓步，左腿膝盖微屈，右腿膝盖撑直整个脚扒住地面，右手握拳自下而上向前捅，左手握拳向后拉，身体直立，双眼目视前方。（图 3-304）

图 3-304 撤步抬直捶

第十二式：一劈一砸

身体保持原地不动，左、右手握拳从面前自左下对右上方云过去，砸到下方，双腿保持直立，身体向右倾，双眼目视右侧。（图 3-305）

图 3-305　一劈一砸

第十三式：进脚

上身动作保持不动，身体向右转身，左腿提膝，左脚脚尖绷直对前踢。右腿单脚直立，双眼目视前方。（图 3-306）

图 3-306　进脚

第十四式：原地拾直捶
动作与图 3-45 相同。
第十五式：上步拾直捶
动作与图 3-26 相同。
第十六式：上步拾直捶
动作与图 3-32 相同。
第十七式：单边势

第三章　三十六路八卦拳动作图解

右脚上步,身体向左旋转,气沉丹田,两手握拳合拢,由内向外一齐冲,身体直立,双眼目视前方。(图 3-307)

图 3-307　单边势

第十八式：原地拾直捶
动作与图 3-18 相同。

第十九式：云捶
动作与图 3-41 相同。

第二十式：撤步恨脚
身体向左旋转,左脚对后拉,脚落地带劲。左脚脚尖点地,重心移至右脚,右手握拳自下而上移至面前,左手握拳对后拉,双眼紧跟右拳目视前方。(图 3-308)

图 3-308　撤步恨脚

第二十一式：原地拾直捶
动作与图 3-8 相同。
第二十二式：拜势
动作与图 3-21 相同。

第二十九节　第二十九路

第一式：原地拾直捶
身体原地保持不动，向左旋转，左腿膝盖微屈，右腿膝盖撑直整个脚扒住地面，右手握拳自下而上向前捅，左手握拳向后拉，身体直立，双眼目视前方。（图 3-309）

图 3-309　原地拾直捶

第二式：长捶
右脚向前上步，身体向左转身变脸，右脚自然落地，双手握拳抱在丹田，身体旋转到位后，双拳从胸前向两侧捅，双腿微屈，身体直立，双眼目视前方。（图 3-310）

第三式：原地拾直捶
动作与图 3-18 相同。

第四式：上步拾直捶
动作与图 3-32 相同。

第五式：原地挎劲

第三章 三十六路八卦拳动作图解

　　两手一摆,双腿微屈,两手握拳双捶相对,左捶心朝上,右捶心朝下,昂首挺胸,双眼目视前方。(图3-311)

图 3-310　长捶

图 3-311　原地挎劲

　　第六式:拧捶
　　左脚原地向前上步,左腿膝盖微屈,右腿膝盖撑直整个脚扒住地面,左手握拳对前捅,右手握拳对身体后侧拉,身体直立,双眼目视前方。(图3-312)

图 3-312 拧捶

第七式：长捶

原地右脚向前上步，右脚自然落地，双手握拳抱在丹田，身体旋转到位后，双拳从胸前向两侧捅，双腿微屈，身体直立，双眼目视前方。（图 3-313）

图 3-313 长捶

第八式：原地拾直捶

动作与图 3-18 相同。

第九式：上步拾直捶

动作与图 3-32 相同。

第十式：长捶

身体向右转身变脸，双手握拳抱在丹田，身体旋转到位后，双拳从胸

第三章 三十六路八卦拳动作图解

前向两侧捅,双腿微屈,身体直立,双眼目视前方。(图 3-314)

图 3-314 长捶

第十一式:滚身

身子原地腾空旋转,右腿蹬,左脚旋在空中,右脚紧跟旋起,上身右肩膀在上,左肩膀在下,左脚落前,右脚落后。(图 3-315)

图 3-315 滚身

第十二式:风摆合叶

双手成掌原地从左前方对右后拉,右腿向左前方摆,右脚落在前方,双眼目视前方。(图 3-316)

图 3-316　风摆合叶

第十三式：长捶

身体向左转身变脸，双手握拳抱在丹田，身体旋转到位后，双拳从胸前向两侧捅，双腿微屈，身体直立，双眼目视前方。（图 3-317）

图 3-317　长捶

第十四式：上步长捶

左脚向前上步，身体向右转身变脸，左脚自然落地，双手握拳抱在丹田，身体旋转到位后，双拳从胸前向两侧捅，双腿微屈，身体直立，双眼目视前方。（图 3-318）

第三章 三十六路八卦拳动作图解

图 3-318 上步长捶

第十五式：原地拾直捶

身体原地保持不动，向左旋转，左腿膝盖微屈，右腿膝盖撑直整个脚扒住地面，右手握拳自下而上向前捅，左手握拳向后拉，身体直立，双眼目视前方。（图 3-319）

图 3-319 原地拾直捶

第十六式：云捶

动作与图 3-41 相同。

第十七式：撤步恨脚

左脚向前上步，左脚对后拉，脚落地带劲。左脚脚尖点地，重心移至右脚，右手握拳自下而上移至面前，左手握拳对后拉，双眼紧跟右拳目视前方。（图 3-320）

图 3-320 撤步恨脚

第十八式：原地拾直捶
动作与图 3-8 相同。
第十九式：拜势
动作与图 3-21 相同。

第三十节　第三十路

第一式：原地拾直捶
身体原地保持不动，向左旋转，左腿膝盖微屈，右腿膝盖撑直整个脚扒住地面，右手握拳自下而上向前捅，左手握拳向后拉，身体直立，双眼目视前方。（图 3-321）

图 3-321　原地拾直捶

第三章　三十六路八卦拳动作图解

第二式：上步霍捶

右脚向前上步，右腿膝盖微屈，左腿膝盖撑直整个脚扒住地面，双手握拳两拳心朝下，两拳从腰间一齐捅出去。身体直立，双眼目视前方。（图3-322）

图 3-322　上步霍捶

第三式：上步霍捶

左脚向前上步，左腿膝盖微屈，右腿膝盖撑直整个脚扒住地面，双手握拳两拳心朝下，两拳从腰间一齐捅出去。身体直立，双眼目视前方。（图3-323）

图 3-323　上步霍捶

第四式：原地拾直捶
动作与图 3-8 相同。

第五式：双劈

　　身体向右旋转，双手握拳，双捶并拢对齐从左下方劈到右上方，右腿膝盖微屈，左腿膝盖撑直整个脚扒住地面，双眼目视前方。（图3-324）

图 3-324　双劈

第六式：撤步恨脚

　　右脚对后拉，脚落地带劲。右脚脚尖点地，重心移至左脚，左手握拳自下而上移至面前，右手握拳对后拉，双眼紧跟左拳目视前方。（图3-325）

图 3-325　撤步恨脚

第七式：短捶

　　原地不动，左脚提膝、脚背绷直、脚尖朝下，右腿直立，左手握拳捅出，捶心朝里，右手握拳移至腰间，捶心朝上，身体直立，双眼目视前方。（图3-326）

第三章 三十六路八卦拳动作图解

图 3-326 短捶

第八式：双劈

身体向右旋转，双手握拳，双捶并拢对齐从左下方劈到右上方，右腿膝盖微屈，左腿膝盖撑直整个脚扒住地面，双眼目视前方。（图 3-327）

图 3-327 双劈

第九式：霍捶

右腿膝盖微屈，左腿膝盖撑直整个脚扒住地面，双手握拳两拳心朝下，两拳从腰间一齐捅出去。身体直立，双眼目视前方。（图 3-328）

图 3-328 霍捶

第十式：上步拾直捶
动作与图 3-32 相同。
第十一式：原地拾直捶
动作与图 3-18 相同。
第十二式：撤步拾直捶
右脚向后撤步，成弓步，左腿膝盖微屈，右腿膝盖撑直整个脚扒住地面，右手握拳自下而上向前捅，左手握拳向后拉，身体直立，双眼目视前方。（图 3-329）

图 3-329 撤步拾直捶

第十三式：撤步拾直捶
左脚向后撤步，成弓步，右腿膝盖微屈，左腿膝盖撑直整个脚扒住地

面，左手握拳自下而上向前捅，右手握拳向后拉，身体直立，双眼目视前方。（图3-330）

图3-330 撤步拾盲捶

第十四式：单边式

身体向左转身变脸，双手握拳抱在丹田，身体旋转到位后，双拳从胸前向两侧捅，双腿微屈，身体直立，双眼目视前方。（图3-331）

图3-331 单边式

第十五式：原地拾直捶
动作与图3-18相同。
第十六式：云捶
动作与图3-41相同。

第十七式：撤步恨脚

左脚向前上步，右脚对后拉，脚落地带劲。左脚脚尖点地，重心移至右脚，右手握拳自下而上移至面前，左手握拳对后拉，双眼紧跟右拳目视前方。（图3-332）

图3-332 撤步恨脚

第十八式：原地拾直捶
动作与图3-8相同。

第十九式：拜势
动作与图3-21相同。

第三十一节　第三十一路

第一式：原地拾直捶

身体原地保持不动，向左旋转，左腿膝盖微屈，右腿膝盖撑直整个脚扒住地面，右手握拳自下而上向前捅，左手握拳向后拉，身体直立，双眼目视前方。（图3-333）

第三章　三十六路八卦拳动作图解

图 3-333　原地抬直捶

第二式：上步抬直捶
动作与图 3-26 相同。

第三式：上步抬直捶
动作与图 3-32 相同。

第四式：推倒山
身体原地向右旋转，左腿膝盖撑直整个脚扒住地面，右腿膝盖微屈成弓步，左手握拳向身体后侧拉，右手握拳手臂折叠，右肩膀对前扛，身体向前倾，双眼目视右侧。（图 3-334）

图 3-334　推倒山

第五式：原地抬直捶
动作与图 3-10 相同。

第六式：撤步拾直捶

右脚向后撤步，成弓步，左腿膝盖微屈，右腿膝盖撑直整个脚扒住地面，右手握拳自下而上向前捅，左手握拳向后拉，身体直立，双眼目视前方。（图 3-335）

图 3-335　撤步拾直捶

第七式：一劈一砸

身体保持原地不动，左、右手握拳从面前自左下对右上方云过去，砸到下方，右腿膝盖微屈，左腿膝盖撑直整个脚扒住地面，身体向右倾，双眼目视右侧。（图 3-336）

图 3-336　一劈一砸

第八式：挎势

身体向右旋转，转过身后，右腿单脚站立，左腿提膝、脚背绷直、脚尖

向下。右手握拳在上架起,拳心朝下,左手握拳在下,拳心朝上,两捶心相对,身体直立,双眼目视前方。(图 3-337)

图 3-337 挎势

第九式:进脚

上身动作保持不动,左腿提膝,左脚脚尖绷直对前踢。右腿单脚直立,双眼目视前方。(图 3-338)

图 3-338 进脚

第十式:单踢

左腿收起提膝,右脚蹬地跳起,右手变掌击打右脚背,身体腾空时腰腹挺直,后脚落在前方,双眼目视击打部位。(图 3-339)

图3-339 单踢

第十一式：原地拾直捶
动作与图3-10相同。

第十二式：上步拾直捶
动作与图3-32相同。

第十三式：单边势
动作与图3-28相同。

第十四式：原地拾直捶
动作与图3-18相同。

第十五式：云捶
动作与图3-41相同。

第十六式：撤步恨脚
左脚向前上步，右脚对后拉，脚落地带劲。左脚脚尖点地，重心移至右脚，右手握拳自下而上移至面前，左手握拳对后拉，双眼紧跟右拳目视前方。（图3-340）

第十七式：原地拾直捶
动作与图3-10相同。

第十八式：上步拾直捶
动作与图3-32相同。

第十九式：拜势
动作与图3-21相同。

图 3-340 撤步恨脚

第三十二节　第三十二路

第一式：原地收势

身体保持原地不动，两手握拳阴阳把对移至胸前，身体收在一起，双眼目视前方。（图 3-341）

图 3-341 原地收势

第二式：力劈华山

双手握拳相互交叉，原地两捶左右摇，右手握拳成右捶从上劈到下，左手握拳成左捶向身体后侧甩出去，双腿半蹲，身子半缩，双眼目视下劈

方向。（图 3-342）

图 3-342　力劈华山

第三式：健步

左脚尖点起，移至右脚前 30 厘米，右脚蹬起支撑，身体重心在右脚，左手握拳移至身体前侧，右手握拳移至身体后端，左右脚对前跳，身体直立，双眼目视前方。（图 3-343）

图 3-343　健步

第四式：原地拾直捶
动作与图 3-8 相同。
第五式：五记捶
动作与图 3-35 相同。
第六式：撤步长捶

第三章 三十六路八卦拳动作图解

右脚向后撤步,身体向右转身变脸,右脚自然落地,双手握拳抱在丹田,身体旋转到位后,双拳从胸前向两侧捅,双腿微屈,身体直立,双眼目视前方。(图3-344)

图 3-344 撤步长捶

第七式:原地拾直捶
动作与图3-18相同。
第八式:上步拾直捶
动作与图3-32相同。
第九式:扫腿
身体下压前倾,双手紧挨左脚触地,右脚从后对前扫,身体重心移至左脚,扫腿时呈扇形状。(图3-345)

图 3-345 扫腿

第十式：双开弓

身体原地不动，向右转身，双手握拳架起，两捶平衡，捶心朝里，转身对后双拳捅出去，身体直立，双眼目视前方。（图3-346）

图3-346 双开弓

第十一式：外摆连腿

左脚向前上步，双腿同时落地起跳，双手握拳自然拉到身体左侧，身体腾空跳起向右旋转360°，左手击打右脚脚背，身体直立，双眼目视击打部位。（图3-347）

图3-347 外摆连腿

第十二式：上步拾直捶

动作与图3-32相同。

第十三式：上步拾直捶

第三章 三十六路八卦拳动作图解

动作与图 3-26 相同。

第十四式：上步抬直捶

动作与图 3-32 相同。

第十五式：单边势

动作与图 3-28 相同。

第十六式：原地抬直捶

动作与图 3-18 相同。

第十七式：云捶

动作与图 3-41 相同。

第十八式：撤步恨脚

左脚向前上步，右脚对后拉，脚落地带劲。左脚脚尖点地，重心移至右脚，右手握拳自下而上移至面前，左手握拳对后拉，双眼紧跟右拳目视前方。（图 3-348）

图 3-348 撤步恨脚

第十九式：原地抬直捶

身体原地保持不动，向左旋转，左腿膝盖微屈，右腿膝盖撑直整个脚扒住地面，右手握拳自下而上向前捅，左手握拳向后拉，身体直立，双眼目视前方。（图 3-349）

图 3-349 原地拾直捶

第二十式：拜势
动作与图 3-21 相同。

第三十三节　第三十三路

第一式：长捶
身体向左转身变脸，双手握拳抱在丹田，身体旋转到位后，双拳从胸前向两侧捅，双腿微屈，身体直立，双眼目视前方。（图 3-350）

图 3-350　长捶

第三章　三十六路八卦拳动作图解

第二式：原地抬直捶

身体原地保持不动，向左旋转，左腿膝盖微屈，右腿膝盖撑直整个脚扒住地面，右手握拳自下而上向前捅，左手握拳向后拉，身体直立，双眼目视前方。（图3-351）

图 3-351　原地抬直捶

第三式：撤步抬直捶

左脚向后撤步，成弓步，右腿膝盖微屈，左腿膝盖撑直整个脚扒住地面，左手握拳自下而上向前捅，右手握拳向后拉，身体直立，双眼目视前方。（图3-352）

图 3-352　撤步抬直捶

第四式：撤步抬直捶

右脚向后撤步，成弓步，左腿膝盖微屈，右腿膝盖撑直整个脚扒住地

面,右手握拳自下而上向前捅,左手握拳向后拉,身体直立,双眼目视前方。(图 3-353)

图 3-353 撤步拾直捶

第五式:双劈

身体向右旋转,双手握拳,双捶并拢对齐从左下方劈到右上方,右腿膝盖微屈,左腿膝盖撑直整个脚扒住地面,双眼目视前方。(图 3-354)

图 3-354 双劈

第六式:恨脚

身体向右旋转,右脚对后拉,脚落地带劲。右脚脚尖点地,重心移至左脚,左手握拳自下而上移至面前,右手握拳对后拉,双眼紧跟左拳目视前方。(图 3-355)

第三章 三十六路八卦拳动作图解

图 3-355 恨脚

第七式：进脚

上身动作保持不动，身体向右转身，左腿提膝，左脚脚尖绷直对前踢。右腿单脚直立，双眼目视前方。（图 3-356）

图 3-356 进脚

第八式：原地抬直捶

身体原地保持不动，向左旋转，左腿膝盖微屈，右腿膝盖撑直整个脚扒住地面，右手握拳自下而上向前捅，左手握拳向后拉，身体直立，双眼目视前方。（图 3-357）

图 3-357 原地拾直捶

第九式：猛虎登山

单脚起跳，身体腾空时左手握拳移至丹田，右手握拳移至身体后侧，空中两脚对前蹬，双眼目视前方。（图 3-358）

图 3-358 猛虎登山

第十式：原地拾直捶

身体原地保持不动，向左旋转，左腿膝盖微屈，右腿膝盖撑直整个脚扒住地面，右手握拳自下而上向前捅，左手握拳向后拉，身体直立，双眼目视前方。（图 3-359）

第三章　三十六路八卦拳动作图解

图 3-359　原地拾直捶

第十一式：单边势

动作与图 3-28 相同。

第十二式：原地拾直捶

右腿膝盖微屈，左腿膝盖撑直整个脚扒住地面，左手握拳自下而上向前捅，右手握拳向后拉，身体直立，双眼目视前方。（图 3-360）

图 3-360　原地拾直捶

第十三式：云捶

动作与图 3-41 相同。

第十四式：撤步恨脚

左脚向前上步，右脚对后拉，脚落地带劲。左脚脚尖点地，重心移至右脚，右手握拳自下而上移至面前，左手握拳对后拉，双眼紧跟右拳目视前方。（图 3-361）

图 3-361　撤步恨脚

第十五式：上步拾直捶
动作与图 3-32 相同。
第十六式：拜势
动作与图 3-21 相同。

第三十四节　第三十四路

第一式：仙人指路
左腿提膝、脚背绷直、脚尖朝下，右腿单脚直立。原地身子收起，左手握拳对前出直，捶心朝里，右手握拳移至腰间，双眼目视前方。（图 3-362）

图 3-362　仙人指路

第三章　三十六路八卦拳动作图解

第二式：黑虎掏心

身体原地保持不动，向右旋转，右腿膝盖微屈，左腿膝盖撑直整个脚扒住地面，右手握拳从腰间捅出去，左手握拳移至腰间，身体直立，双眼目视前方。（图3-363）

图 3-363　黑虎掏心

第三式：原地抬直捶

动作与图3-10相同。

第四式：撤步抬直捶

右脚向后撤步，成弓步，左腿膝盖微屈，右腿膝盖撑直整个脚扒住地面，右手握拳自下而上向前捅，左手握拳向后拉，身体直立，双眼目视前方。（图3-364）

图 3-364　撤步抬直捶

第五式：原地拾直捶
动作与图 3-18 相同。
第六式：上步拾直捶
动作与图 3-32 相同。
第七式：健步
左脚尖点起，移至右脚前 30 厘米，右脚蹬起支撑，身体重心在右脚，左手握拳移至身体前侧，右手握拳移至身体后端，左右脚对前跳，身体直立，双眼目视前方。（图 3-365）

图 3-365　健步

第八式：白鹤展翅
左腿提膝、脚背绷直、脚尖朝下，右腿单脚直立。双手握拳水平架起，捶心朝下，身体直立，双眼目视前方。（图 3-366）

图 3-366　白鹤展翅

第三章 三十六路八卦拳动作图解

第九式：原地拾直捶

动作与图 3-45 相同。

第十式：二踢

左腿收起提膝，右脚蹬地跳起，左手变掌击打左脚背，左腿自然下落同时右手变掌击打右脚背，身体腾空时腰腹挺直，双眼目视击打部位。（图 3-367）

图 3-367 二踢

第十一式：冲天炮

左脚向前上步，双腿屈膝半蹲，右手握拳架起，左手握拳向后拉，身体半弓，双眼目视前方。（图 3-368）

图 3-368 冲天炮

第十二式：长捶
身体向右转身变脸，双手握拳抱在丹田，身体旋转到位后，双拳从胸前向两侧捅，双腿微屈，身体直立，双眼目视前方。（图3-369）

图3-369　长捶

第十三式：原地拾直捶
右腿膝盖微屈，左腿膝盖撑直整个脚扒住地面，左手握拳自下而上向前捅，右手握拳向后拉，身体直立，双眼目视前方。（图3-370）

图3-370　原地拾直捶

第十四式：云捶
动作与图3-41相同。

第十五式：撤步恨脚
左脚向前上步，右脚对后拉，脚落地带劲。左脚脚尖点地，重心移至

第三章　三十六路八卦拳动作图解

右脚，右手握拳自下而上移至面前，左手握拳对后拉，双眼紧跟右拳目视前方。（图 3-371）

图 3-371　撤步恨脚

第十六式：原地拾直捶

身体原地保持不动，向左旋转，左腿膝盖微屈，右腿膝盖撑直整个脚扒住地面，右手握拳自下而上向前捅，左手握拳向后拉，身体直立，双眼目视前方。（图 3-372）

图 3-372　原地拾直捶

第十七式：拜势

动作与图 3-21 相同。

第三十五节　第三十五路

第一式：收势

原地左脚向后拉，移至右脚前30厘米，左脚脚尖点地，重心移至右脚，双手握拳移至胸前平托，两捶朝上，双眼目视前方。（图3-373）

图 3-373　收势

第二式：五记捶

左腿提膝、脚背绷直、脚尖朝下，右腿单脚直立。双手握拳拳心朝上移至腰间，双臂夹紧，从腰间向前捅，身体直立，双眼目视前方。（图3-374）

图 3-374　五记捶

第三章 三十六路八卦拳动作图解

第三式：单踢

左腿单脚站立，右腿提膝、脚背绷直、脚尖朝下。右手变掌击打右脚面，右脚自然落地，落在左脚前面。（图 3-375）

图 3-375 单踢

第四式：斜捶

右脚自然落地成弓步，右腿膝盖微屈，左腿膝盖撑直整个脚扒住地面，两拳在胸前交叉，右手握拳捅出去，移至面前，左手握拳向身体后侧拉，身体朝右，双眼目视右侧。（图 3-376）

图 3-376 斜捶

第五式：上步斜捶

左脚向前上步，自然落地成弓步，左腿膝盖微屈，右腿膝盖撑直整个脚扒住地面，两拳在胸前交叉，左手握拳捅出去，移至面前，右手握拳向身

体后侧拉,身体朝左,双眼目视左侧。(图 3-377)

图 3-377 上步斜捶

第六式:原地拾直捶

动作与图 3-8 相同。

第七式:扫腿

身体下压前倾,双手紧挨左脚触地,右脚从后对前扫,身体重心移至左脚,扫腿时呈扇形状。(图 3-378)

图 3-378 扫腿

第八式:握心捶

原地不动,两手握拳移至两斜肋,两捶捅出,两捶心相对朝里,右腿膝盖微屈,左腿膝盖撑直整个脚扒住地面,身体直立,双眼目视前方。(图 3-379)

第三章 三十六路八卦拳动作图解

图 3-379 握心捶

第九式：进脚

上身动作保持不动，左腿提膝，左脚脚尖绷直对前踢。右腿单脚直立，双眼目视前方。（图 3-380）

图 3-380 进脚

第十式：原地抬直捶

动作与图 3-8 相同。

第十一式：握心捶

原地不动，两手握拳移至两斜肋，右腿膝盖微屈，左腿膝盖撑直整个脚扒住地面，身体直立，双眼目视前方。（图 3-381）

图 3-381　握心捶

第十二式：撤步拾直捶

右脚向后撤步，成弓步，左腿膝盖微屈，右腿膝盖撑直整个脚扒住地面，右手握拳自下而上向前捅，左手握拳向后拉，身体直立，双眼目视前方。（图 3-382）

图 3-382　撤步拾直捶

第十三式：双劈

身体向右旋转，双手握拳，双捶并拢对齐从左下方劈到右上方，右腿膝盖微屈，左腿膝盖撑直整个脚扒住地面，双眼目视前方。（图 3-383）

第三章 三十六路八卦拳动作图解

图 3-383 双劈

第十四式：进脚

上身动作保持不动，左腿提膝，左脚脚尖绷直对前踢。右腿单脚直立，双眼目视前方。（图 3-384）

图 3-384 进脚

第十五式：原地拾直捶
动作与图 3-8 相同。
第十六式：单边势
动作与图 3-28 相同。
第十七式：原地拾直捶
动作与图 3-10 相同。

第十八式：云捶

动作与图 3-41 相同。

第十九式：撤步恨脚

左脚向前上步，右脚对后拉，脚落地带劲。左脚脚尖点地，重心移至右脚，右手握拳自下而上移至面前，左手握拳对后拉，双眼紧跟右拳目视前方。（图 3-385）

图 3-385　撤步恨脚

第二十式：原地拾直捶

动作与图 3-8 相同。

第二十一式：拜势

动作与图 3-21 相同。

第三十六节　第三十六路

第一式：原地拾直捶

身体原地保持不动，右腿膝盖微屈，左腿膝盖撑直整个脚扒住地面，右手握拳自下而上向前捅，左手握拳向后拉，身体直立，双眼目视前方。（图 3-386）

第三章　三十六路八卦拳动作图解

图 3-386　原地拾直捶

第二式：上步拾直捶
动作与图 3-26 相同。
第三式：上步拾直捶
动作与图 3-32 相同。
第四式：扫腿
身体下压前倾，双手紧挨左脚触地，右脚从后对前扫，身体重心移至左脚，扫腿时呈扇形状。（图 3-387）

图 3-387　扫腿

第五式：斜捶
右脚自然落地成弓步，右腿膝盖微屈，左腿膝盖撑直整个脚扒住地面，两拳在胸前交叉，右手握拳捅出去，移至面前，左手握拳向身体后侧

拉，身体朝右，双眼目视右侧。（图 3-388）

图 3-388　斜捶

第六式：上步拾直捶
动作与图 3-32 相同。
第七式：回头望月
身体原地不动，向右转身，右手握拳架起，左手握拳托起，右手高，左手低，右腿膝盖微屈，左腿膝盖撑直，双眼目视左侧。（图 3-389）

图 3-389　回头望月

第八式：原地拾直捶
动作与图 3-10 相同。
第九式：撤步拾直捶
右脚向后撤步，成弓步，左腿膝盖微屈，右腿膝盖撑直整个脚扒住地

第三章　三十六路八卦拳动作图解

面,右手握拳自下而上向前捅,左手握拳向后拉,身体直立,双眼目视前方。(图3-390)

图3-390　撤步抬直捶

第十式:一劈一砸

身体保持原地不动,左、右手握拳从面前自左下对右上方云过去,砸到下方,身体向右倾,双眼目视右侧。(图3-391)

图3-391　一劈一砸

第十一式:进脚

上身动作保持不动,左腿提膝,左脚脚尖绷直对前踢。右腿单脚直立,双眼目视前方。(图3-392)

图 3-392 进脚

第十二式：原地拾直捶
动作与图 3-45 相同。
第十三式：上步拾直捶
动作与图 3-32 相同。
第十四式：上步拾直捶
左脚向前上步，成弓步，左腿膝盖微屈，右腿膝盖撑直整个脚扒住地面，右手握拳自下而上向前捅，左手握拳向后拉，身体直立，双眼目视前方。（图 3-393）

图 3-393 上步拾直捶

第十五式：单边势
动作与图 3-28 相同。

第三章 三十六路八卦拳动作图解

第十六式：原地拾直捶

动作与图 3-18 相同。

第十七式：云捶

动作与图 3-41 相同。

第十八式：撤步恨脚

左脚向前上步，右脚对后拉，脚落地带劲。左脚脚尖点地，重心移至右脚，右手握拳自下而上移至面前，左手握拳对后拉，双眼紧跟右拳目视前方。（图 3-394）

图 3-394 撤步恨脚

第十九式：原地拾直捶

动作与图 3-8 相同。

第二十式：拜势

动作与图 3-21 相同。